高职院校学生教育管理研究

周望平◎著

吉林出版集团股份有限公司

全国百佳图书出版单位

图书在版编目（CIP）数据

高职院校学生教育管理研究 / 周望平著 . -- 长春：
吉林出版集团股份有限公司 , 2023.3

ISBN 978-7-5731-3106-5

Ⅰ . ①高… Ⅱ . ①周… Ⅲ . ①高等职业教育—学生工
作—教育管理—研究 Ⅳ . ① G718.5

中国国家版本馆 CIP 数据核字 (2023) 第 048954 号

高职院校学生教育管理研究
GAOZHI YUANXIAO XUESHENG JIAOYU GUANLI YANJIU

著　　者　周望平
责任编辑　祖　航
封面设计　李　伟
开　　本　710mm×1000mm　　　1/16
字　　数　160 千
印　　张　8.5
版　　次　2023 年 9 月第 1 版
印　　次　2023 年 9 月第 1 次印刷
印　　刷　天津和萱印刷有限公司

出　　版　吉林出版集团股份有限公司
发　　行　吉林出版集团股份有限公司
地　　址　吉林省长春市福祉大路 5788 号
邮　　编　130000
电　　话　0431-81629968
邮　　箱　11915286@qq.com
书　　号　ISBN 978-7-5731-3106-5
定　　价　57.00 元

作者简介

周望平 毕业于南华大学计算机科学与技术专业，现为长沙航空职业技术学院讲师。主持、参与各级各类科研课题及项目共 12 项，获第二届全国航空职业教育教学成果奖三等奖 1 项，出版教材 1 本，在省部级以上期刊发表论文共计 7 篇。

前　言

　　高等职业院校是实施高等职业教育的重要载体，为国家培养了大量高质量职业技术人才。我国高等职业教育发展时间较西方国家较短，但随着党和国家实施的系列职业教育制度改革政策，我国高等职业教育获得了高质量的发展。2021年10月，中共中央办公厅、国务院办公厅印发的《关于推动现代职业教育高质量发展的意见》，促进了我国职业教育改革持续向深化发展。为优化向社会输送职业技能型人才的质量，高等职业院校需要明确职业教育理论指导思想，持续改善职业管理工作模式，构建较为全面的、健全的学生教育管理体系，增强高等职业教育的适应性。技术的进步促使教育管理模式的革新，在网络技术不断发展的背景下，高等职业院校需积极利用网络新媒体平台和大数据技术，创新学生教育管理工作模式。同时，依托网络资源库整合思政教育管理资源，帮助高职学生形成正确的人生价值观，并使学生能够有效利用个人职业技能优势，积极为社会经济发展做出应有的贡献。

　　本书共分为五个章节。第一章为高职院校属性与学生工作概述，主要从中国高职院校与职业教育发展历程、高职教育办学体制与管理模式、高职院校教育背景下的学生工作三个方面展开论述；第二章为高职院校学生教育管理体系的构建，主要围绕高职院校以人为本的育人理念、高职院校学生成长环境建设、高职院校学生学习指导体系构建展开论述；第三章为高职院校学生教育工作的理论与实践，依次介绍了高职院校学生教育工作指导理念、高职院校学生安全意识教育工作、高职院校学生职业规划教育工作、高职院校学生心理健康教育工作四个方面的内容；第四章为高职院校学生管理工作模式研究，依次介绍了高职院校学生管理工作概述、高职院校学生管理工作队伍建设、校企合作模式下的高职院校学生管理、网络模式下的高职院校学生管理四个方面的内容。

在撰写本书的过程中，作者得到了许多专家学者的帮助和指导，参考了大量的学术文献，在此表示真诚的感谢。由于作者水平有限，书中难免会有疏漏之处，希望广大同行和读者及时指正。

周望平

2022 年 7 月

目 录

第一章　高职院校属性与学生工作概述

高等职业院校是实施高等职业教育的重要载体，为我国实现高等教育大众化提供了有力支撑。本章节内容为高职院校属性与学生工作概述，主要从中国高职院校与职业教育发展历程、高职教育办学体制与管理模式、高职院校教育背景下的学生工作三个方面展开论述。

第一节　中国高职院校与职业教育发展历程

高等职业院校是实施高等职业教育的重要载体，为我国实现高等教育大众化提供了有力支撑。高等职业教育作为职业教育中的高层次教育，是培养应用型人才和专业技术人才的摇篮。高等职业教育在高等教育中占据着重要的地位。

一、中国近代高职院校与职业教育的发展

（一）实业教育的建立

鸦片战争以后，清政府出现了以张之洞、李鸿章、左宗棠等为代表的洋务派，他们提倡向西方学习科学技术，并创办了中国近代第一所专科学校京师同文馆。清末民初，随着国家经济重心由传统农业向工商业转移以及新式军事机器生产技术的发展，我国进入了兴办实业的历史新阶段。实业教育是晚清政府在壬寅年（1902）与癸卯年（1909）的近现代学校教育学制体系中第一次被制定的，特别是癸卯学制中把实业教育分为三个等级，即初等、中等以及高等，并完全和普通教育地位等重。其中，高等实业学堂与现在的高等职业教育相似，具体又分为高等农业学堂、高等工业学堂、高等商业学堂以及高等商船学堂四科。实业学堂的教育宗旨是"意在使全国人民具有各种谋生之才智技艺，必为富国富民之本"，高等实业学堂，招收18岁以上的中学毕业生或者同等学力的学生，分为本

科、预科。每个学堂由于专业的差异，修业年限不同。高等商业学堂、高等农业学堂的修业年限是预科一年、本科三年；高等工业学堂则无预科，只有本科三年；若有成绩优秀者提前修完课程内容，经老师考核后可提前毕业。高等商船学堂又分为航海科、机轮科，前者修业年限是五年半，后者是五年即可毕业。另外还有高等矿业学堂，设有矿务专修科、采矿专修科。癸卯学制下的初等、中等以及高等实业学堂之间相互衔接，低一级学堂毕业后，可直接升入高一级同专业学堂就读。

（二）职业教育的兴起

蔡元培于 1912 年 1 月上任教育总长，改办实业学堂、高等实业学堂为正规实业学校以及专门学校，学校以"传授高等学术、培养专门人才"为办学宗旨，门类从工、农、商、船延伸至医药、政法、外国语、美术、音乐等 9 个门类。1917 年 4 月，黄炎培联合梁启超、宋汉章等实干家于上海创办了中华职业教育社，1918 年创办上海职业学校与《职业与教育》杂志。上海职业学校是中国第一个职业教育机构。壬戌年（1922）实行了新学制，把昔日实业学堂、实业学校全部改办成职业学校，原处于高等教育等级的实业教育，仍是专门学校；同时还规定，"凡有中学及以上程度者皆可入学，不分男女"。"壬戌学制"使职业教育制度代替了实业教育制度，职业教育的学制地位得以正式确立。1928 年南京第一次全国教育会议修改了"壬戌学制"，将专门学校改为专科学校，这是我国"专科学校"之滥觞。1929 年民国政府颁布的《专科学校组织法》规定，专科学校以"传授应用学科，培养技术人才"为办学宗旨，招收具有同等学力的高中毕业生，通过入学考试并进入同类性质高级职业学校的学生，修业年限为二到三年。这标志着我国高等教育体制开始了近代化转型，也是近代意义上专科大学产生的重要阶段。

二、中国当代高职院校与职业教育的发展

以 1977 年高考制度的恢复为起点，当代中国高等职业教育几经波折、历经非凡的发展过程：借助高等教育的支持与配合，在高等教育中逐步占据了重要地位，成为我国高等教育大众化进程中的一支新生力量，成了培育我国经济发展的动力、产业升级换代急需的高素质技能型人才的大本营，它对中国高等教育与经济社会发展发挥着日益显著的作用，起着愈来愈大的推动作用。

（一）专科学校的恢复与职业大学的创办

1977 年，中国恢复高等教育招生考试，标志着中国高等教育进入全面恢复时期。同年，高等专科教育恢复招生。1978 年，全国恢复和新建专科学校 98 所，招收专科生 12.37 万人，专科在校生达 37.96 万人，占本专科生总数 85.63 万人的44.3%。

十一届三中全会提出了要以经济建设为主的方针、全党工作重心向经济建设转移的目标，我国的经济建设进入一个快速发展时期。为了解决改革开放以后地方经济迅速发展对于技术应用型人才急需的问题、缓解经济快速发展和人才紧缺之间的矛盾，一些地区提出了兴办职业大学的想法。我国第一批职业大学于 1980年经教育部批准成立，共 13 所。这类学校是为地方经济建设培养急需高等应用型人才的地方院校，故命名为"短期职业大学"。

20 世纪 80 年代初，我国高等教育发展的重点在于规模扩张和数量增长。职业大学的产生和发展在高等教育数量上起到了补充作用。

随着经济体制改革的深入进行和对外开放政策的实施，社会各部门对人才需求日益扩大，而高校毕业生数量不足，难以满足实际需要。

基于这个现实问题，从高等教育改革层次上讲，兴办职业大学代表着一种制度上的突破，也是体制上的革新，具有划时代意义。首先，职业大学突破了中央、省两级长期办学体制，实行的是以中心城市办学为主，多渠道筹措经费的社会化办学方式和运行机制，显示出强烈的地方性特征；同时还打破了过去高校在区域范围内分散办校的格局，使各地区之间相互联系更加紧密。其次，在改革招生和分配制度方面，采取收费走读、不包分配的方式，它对高等学校传统管理体制进行了大胆的革新；同时在教学方面也进行了一系列变革，使其更符合社会需要。另外，根据本地实际需要开设专业，可为地方经济发展培养急需的应用型人才，并且在新型人才培养模式方面也进行了有益的探索。职业大学的创办体现出高等教育的创新，反映了高等教育适应经济发展的改革趋势。

（二）多种办学形式的探索与调整

1985 年《中共中央关于教育体制改革的决定》的颁布，使我国高等职业教育正式纳入国民教育体系，开始进入一个探索与调整的阶段。由于政府的高度重视和有关部门的大力支持，我国的专科教育从 20 世纪 80 年代中期开始进入快速发展时期，专科生的数量及比例逐年上升，使得普通高等教育层次结构不合理的状况得到改善。

为了有效地培养大批生产一线需要的技术人员、管理人员及业务人员，同时为了避免专科教育的本科化，加强专科教育与中等职业教育的衔接，教育部提出试办"初中后五年制的技术专科学校"实施方案。1985 年，国家教育委员会（简称国家教委）印发了《关于同意试办三所初中后五年制的技术专科学校的通知》，开始了五年制技术专科学校的试点。

1985 年 9 月，职业教育与成人教育司在北京召开了三所试办五年制技术专科学校座谈会，经过讨论明确了五年制技术专科学校办学应遵循的指导思想。座谈会讨论认为这是一种新型的高等专科（简称高专）教育，它有利于通过教育使学生具有较坚定的专业思想和较系统的专业知识，并获得较全面的专业技能训练，同时强调在办学形式上有助于职业技术教育与普通教育的紧密衔接，有助于中专和高专之间内部的有机联系，有助于建立职业技术教育体系。部分中专、职业大学、高等专科学校鉴于五年制高等职业教育的优势和已取得的成效，也积极申办五年制高职班，使之成为高等职业教育发展的新途径。

（三）职业大学的调整与分流

职业大学的崛起主要是依靠地方财政以及出于政策、认识、经验与条件等方面的因素，因其在发展初期举步维艰，致使部分职业大学的办学方向开始摇摆不定，并且逐渐向普通高校靠拢。这点从我国高等职业教育在改革开放后的发展过程中出现的对几个新特点的分析探讨过程中就可以看出。全国普通高等专科教育研讨会于 1990 年 11 月提出可将职业大学分流。这个观念在当时虽有很大争议，但是它也的确使部分职业大学改革得到提升。1991 年初，全国职业技术教育大会及会后下发的《国务院关于大力发展职业技术教育的决定》中，再次肯定了建立包括高等职业教育在内的职业教育体系的重要性，而促进职业大学发展的效果却不显著。

这一时期我国高等职业教育在学制改革、办学主体、培养目标、办学特色等方面都在积极探索，并加以调整。首先，开展高等职业教育办学主体的探究。随着经济发展对高素质技能型人才需求越来越大，国家加大了高等职业教育的支持力度，并先后制定实施《职业教育法》《中等职业学校学生学习与评价规定》等法律文件，为高职教育提供有力保障。通过发布各种相关文件，把成人高等学校、高等职业技术院校及高等专科学校融入高等职业教育领域，形成了"三教统筹"的局面，做到多主体办学。同时制定《国家职业标准》，规范高职人才培养目标，明确各阶段教学任务与要求，并实行学分制管理。其次，进行学制改革的探究。高职教育要以就业为导向，根据市场需求设置专业与课程，建立起具有鲜明行业特点的课程体系。通过"四五套办"和"五年一贯制"的试点，改革办学模式。在专业设置方面提出高职类本科专业应以培养生产一线需要的技能型人才为培养目标。另外还要正视办学特色、人才培养质量不过关以及不适应社会要求等问题现状，高等职业教育步入了初步调整阶段，确定专科教育培养应用型人才的任务目标，以及高等职业教育经过自身改造和发展的路径选择，突显职业大学办学特色和质量。

（四）高职院校教育的发展

1994年，第二次全国教育工作会议确定高等教育发展的重点是高等职业教育。会议确定了"三改一补"发展高等职业教育的基本方针。"三改一补"政策的形成和制定，初步划定了高等职业教育机构的办学分类，有利于整合和优化高等职业教育资源配置，并尝试将以往旧专科向新高职转变。该政策确立了我国高等职业教育的组织主体与基本模式，为高等职业教育系统性地迅速发展打下基础。

1996年5月15日，全国人民代表大会通过《中华人民共和国职业教育法》（简称《职业教育法》）。这是我国第一次把高等职业教育以法律的形式确立下来，从此，高等职业教育走上了依法办学的道路。

1998年，《中华人民共和国高等教育法》（简称《高等教育法》）的颁布，进一步确立了高等职业教育的法律地位。

这一时期以全国教育工作会议的召开和《职业教育法》的颁布为标志，明确高等职业教育定位：第一，大力发展高等职业教育，这是高等教育发展的一个重点；第二，确立了高等职业教育的法律地位。

（五）高职院校规模发展与质量提升

1999 年 6 月，国务院办公会议做出了大幅度扩大高校招生的决策，教育部随即就扩招问题进行调研，并召开多次专题研讨会。1999—2009 年，我国高等教育发生了历史性变化，高职院校的规模也得到快速发展。1999 年，高等学校专科招生人数为 61.2 万，在校生人数为 136.1 万；2002 年，高等学校专科招生人数为 161.7 万，在校生人数为 376.3 万；2009 年，高职院校招生人数为 313.4 万，在校生人数为 964.8 万。2010 年间，高职院校的招生人数增加了 4 倍，在校生人数增加了 6 倍。

2000 年 1 月，《国务院办公厅关于国务院授权省、自治区、直辖市人民政府审批设立高等职业学校有关问题的通知》发布，文件规定独立设置的高等职业学校、省属本科高等学校以二级学院形式举办的高等职业学校、社会力量举办的高等职业学校，由国务院授权省级政府审批设立。2000 年 3 月，教育部发布《高等职业学校设置标准（暂行）》，进一步明确了高职院校的办学条件和设置要求。高职院校审批权的下放和设置标准的明确，极大地提高了地方政府举办高职院校的积极性，使高职院校得到前所未有的发展。

2010 年，全国高职（专科）院校有 1246 所，其中毕业生 316 万人，招生 310 万人，在校生 966 万人。以此为基数，2011—2015 年，高职院校的规模只出现了小幅度的增长，高职（专科）院校数从 1280 所增长到 1341 所，仅增加 61 所；毕业生数从 329 万减少到 322 万，基本维持平稳；招生人数从 325 万增长到 348 万，小幅度增加 7%；在校生人数从 959 万增加到 1049 万，增长 9%。

2014 年 5 月，《国务院关于加快发展现代职业教育的决定》明确提出创新发展高等职业教育的任务。2014 年 6 月，教育部发布《现代职业教育体系建设规划（2014—2020 年）》，在推进职业教育管办评分离改革、推动职业教育集团化发展、优化高等职业教育结构、完善职业院校治理结构等方面提出了一系列的改革任务。

第二节　高职教育办学体制与管理模式

目前，在进行国家骨干高等职业院校建设工程的推动下，掀起了创新办学体制机制、推进校企合作、深化工学结合职业教育人才培养模式改革的热潮。办学体制进行了改革，职业教育人才培养模式也在不断变化，这有力冲击了传统办学理念、课程体系以及人们习以为常的学校教学组织模式等，使原有教育教学管理模式与制度体系遭遇了严峻挑战，以往从学校本身的角度来看，过去被视为一种成熟而又行之有效的管理制度、方法与体系均不符合新形势下区域经济社会发展对高等职业学院教育管理和运行的要求。

一、高职院校的高等教育属性

高职教育作为高等教育发展过程中的一个分支类型，与普通高等教育同属于高等教育范畴，具有高等教育的基本性质。

1.反映出高等教育在提高公民素质方面所发挥的功能

高等职业教育与普通高等教育一样，均属于高中阶段以后的深度教育，能极大地提高全民的文化素质与从业能力。高职院校设置的专业几乎覆盖了地方上的各个社会领域和经济领域，是地方实现"高等教育大众化"的主要力量。"职业教育不只是获取生存技能的途径，而且还应成为提升人的境界、丰富人的精神世界的一种方式，受教育者不只是被开发的对象和增加财富的资源，而且要成为发展的中心目标和终极目标"。这种高等教育对人的发展起着基础性推动作用，对提高公民素质起到了决定性作用。在我国每个地区至少设有一所高职院校，高职教育在高等教育基本功能的体现上，具有特别重要的意义。

2.反映在高等教育普遍具有的基本人才质量观方面

根据科学人才观，掌握一定知识与技巧，可以从事创造性劳动，在物质文明与精神文明中做出积极贡献者即为人才。高等教育大众化已是趋势，高等教育已经从社会的边缘走向社会的中心，并成为社会发展的轴心机构，人才质量不再是一种标准，而变成了一个相对的概念。高校人才质量观是从"知识本位向能力本位以及素质本位的转变"开始的，进而发展为当代大学"知识、能力、品质相统一"的人才标准。21世纪信息社会的经济、科学技术对高素质人才提出了客观要求，高校人才质量观也成为中国乃至世界各类大学的共同追求与普遍特征。衡量高等学校人才培养质量的标准，主要以考核毕业生群体是否能够较好地满足现实发展需要，能不能为经济、政治以及文化发展做好服务等为主。

3.反映在高等教育多样化、专门化以及终身化方面

现代的经济社会对人才提出了多种多样的专业化需求，确定高中以后的教育方向为多样化、专门化以及终身化。高等教育结构、办学体制、质量标准的多样化，使得高等教育不再单纯是以学历教育为主的教育系统，它同时包括以职业资格教育为主的行业教育系统和以文化生活教育为主的社会教育系统等。职业教育是由职业道德教育、职业价值观教育、一般职业能力教育与专门职业能力教育等部分构成的。职业学校教育应该为学生的终身发展奠定基础，而不是为社会培养出"短平快"的人才。对职业人的教育应该贯彻职业生涯的始终，这就决定了专门教育要终身化。高等职业教育与普通高等教育一样具有培养特定社会所需人才的功能。高等职业教育与普通高等教育所共有的性质是提供多样化、专门化、终身化的教育服务。

二、高职教育办学体制的主要类型

办学体制是高等职业教育体制中的一个重要方面，它是高等职业教育组织结构形态及相关制度规范的总和。简明地讲，办学体制是国家规范高等职业教育办学行为的体系和制度的总和，主要是指由谁来办学和如何办学的问题，主要包括由谁举办、由谁投资、为谁服务，以及收益回报分配、学校产权关系、经营管理权的范围等一系列重大问题。

高等职业教育办学体制，是指高等职业教育办学活动组织机构形态、办学管理权限、领导从属关系等方面的制度、办法、形态的统称。它是一个相对独立而内部各环节又相互联系的整体，具有鲜明的特色和功能。它的主要内容包括三个方面：办学服务方向与形式、办学主体、办学资源与过程管理权限。

经过近40年的改革探索，我国高等职业教育基本形成了公办主导和多元所有制共同发展的办学体制。目前，几种典型的高职教育办学体制包括公办体制、民办体制、联合或合作办学体制。

（一）公办高职院校办学体制

公办高职院校的全部财产属于国家所有，学校办学经费主要来源于财政拨款。我国公办高职院校占据主导地位。从全国范围来看，公办高职院校的构成包括两个部分：一是通过"三改一补"转型而成的高职院校，包括高等专科学校、职业大学、成人高校和部分重点中专升格转型而成的院校；二是 1999 年高校扩招之后，按照"新模式、新机制"建设的高职院校，这类高职院校主要由地方中心城市举办。

公办高职院校在发展中具有一些明显的优势。第一，有较好的办学条件和充足的办学经费。进入 21 世纪以来，地方政府高度重视公办高职院校的发展，合理扩大办学用地，建设了一批新校区，配备了现代化的实验实训设备，办学条件得到明显改善。第二，随着办学条件的改善和办学经费的增加，公办高职院校的师资队伍质量不断提升，学历结构、职称结构、年龄结构不断优化。

但是，公办高职院校体制也存在一些不足，如学校内部管理体制较为僵化，行政化特色明显，管理效率较低；公办高职院校专业设置的重复性大，市场意识不强，专业调整和课程体系改革不及时，容易陷入灵活性不足的困境。

（二）民办高职院校办学体制

民办高职院校办学体制是指学校由公民个人、私营企业、社会团体或其他社会组织举办，学校办学过程中承担资金筹集和投入的责任，政府除在政策上扶持外，一般不给予财政上的资助的办学体制。

民办高职院校的优势是办学灵活，市场意识敏锐，但有些民办高职院校缺乏科学的管理制度且功利性较强。一些民办高职院校的主办者是企业领导兼任校长，他们对教育管理知之甚少，管理制度不健全，管理方式不科学，"家长式""家族式"管理较为普遍。在专业教师与行政管理人员的权责利方面，有的学校未作明确界定，教师压力大，待遇偏低，教师流动性大。部分民办高职院校在经营上强调赢利能力、压缩成本和投入，如高收费、为了赢利盲目上新专业、不切实际地扩大招生、舍不得在教学设备上投资。这些短视和功利的做法，影响了民办高职院校的健康发展。

（三）联合或合作的办学体制

联合或合作办学体制是高职院校为促进学校与行业、企业的联系，为适应市场环境变化，提升办学质量和竞争实力而形成的新型办学体制。高职院校联合或合作的对象包括行业、企业、学校、政府部门、社会机构，联合或合作的形式主要有以下三点：

第一，对口支援型联合办学。高职院校的对口支援存在多种形式，有行业性高职院校之间的对口支援，区域性高职院校之间的对口支援。对口支援的内容也各有不同，有些是联合招生、共同培养；有些是教师挂职交流，取长补短；有些是设立基地，委托培训。第二，集团化联合办学。集团化联合办学是指借用企业集团化的组织形式和管理方式，整合现有的职业教育资源，充分利用社会力量办学，组建校校之间、校企之间、区域之间的办学联合体即高职教育集团。高职教育集团是以各方利益一致为基础，以行业（专业）、地域或原有的建制为纽带，联合学校、企业和其他社会团体共同参与举办职业教育的一种特殊的教育集团。第三，中外合作办学。中外合作办学指高职院校与外国教育机构合作举办，以中国学生为主要招生对象的办学活动，主要包括与外国教育机构合作举办教育机构和合作开办专业两种类型，合作的方式、内容和合作的紧密程度也各不相同，有些外方机构仅提供师资和课程，有些则颁发相应的学历文凭。

高职院校的对口支援有助于我国东西部职业教育资源的优势互补，有助于西部地区和落后地区的高职院校转变办学理念，提升办学质量，从而实现高职院校的优质化发展。集团化联合办学充分依托参与方原有的教育条件和特色，通过资源整合和相互合作可以促进专业调整、师资流动、资源共享，有助于高职院校更好地适应市场环境变化，推动人才培养模式改革，更好地满足行业、企业的人才需求。中外合作办学有助于引进国外优质的教育资源，学习先进的办学和管理经验，提升我国高职院校的教育管理水平和师资水平。这些都是联合或合作办学体制的优势。

三、高职教育管理模式分层式探讨

（一）校企"订单式"合作培养管理模式

1.订单模式的内涵与特点

订单模式是指职业院校根据企业对人才规格的要求，校企双方共同制定人才培养方案，签订用人合同，并在师资、设备、教学、专业建设等方面开展合作，共同完成人才培养，企业保障学生就业岗位的人才培养模式。"订单式"人才培养建立在校企双方相互信任、紧密合作的基础上，以就业为导向，可以提高人才培养的针对性和实用性及企业的深度参与，有助于实现学校、用人单位与学生的三方共赢。这种模式的优点是：第一，学校和企业双方签订用人及培养协议，双方职责明确，学生就业有保障。第二，教学计划、教学组织工作针对性强，有助于学校集中精力教学，提高教学质量和管理质量。第三，企业参与制定人才培养方案，针对岗位要求与实践技能培养，使高职教育更有针对性。第四，企业参与人才培养质量评估，保证学生所学的专业技术符合企业需要。"订单式"模式存在的问题是"订单"数量、"订单"的专业类别变化大，难以实现规模效应，对学校的专业课程设置安排和教学管理都提出了新的挑战。

2. 订单模式的优化方向

第一，体现市场驱动、服务发展、就业导向的办学思想。订单人才培养事先需要通过对行业、企业市场需求进行深入调查，走访大量的用人单位，听取他们对不同岗位人才的数量需求和能力素质等培养规格的要求，并及时反馈到学校以调整、优化专业结构和课程设置，学校只有和社会、市场主动对接，才能赢取用人单位的培养订单。学校在完成订单班级的组建后，要根据市场的需要确定培养目标，结合行业的标准制定培养方案，按照企业的人才规格要求组织开展教育、教学活动，学校要主动服务于学生发展和企业发展，不断提高订单人才培养质量，以保证学生毕业后能达到订单单位的规格要求，使其顺利走上工作岗位实现就业，并为今后的职业发展奠定基础。订单人才培养模式只有很好地体现市场驱动、服务发展、就业导向的办学思想，才能够成为职业教育中一种成功的人才培养模式。

第二，践行产教融合、工学结合、协同育人的培养路径。深化产教融合、开展工学结合、推进协同育人是坚持以立德树人为根本，以服务发展为宗旨，以促进就业为导向，提升高等职业教育人才培养质量，加快现代职业教育体系建设的有效路径和重要举措。订单人才培养模式是产业、企业与学校教育深度融合、协同开展人才培养的成功实践案例。在确立了订单培养关系后，订单班的学生就成了企业的"准员工"，并获得了企业认可的"名分"，同时拥有了大多数企业在职员工才能够享有的培训、实践、活动等权利。在订单培养的过程中，企业与学校共同确立人才培养目标、共同制定教学计划、共同提供教学师资、共同组织教学与实践实习活动，学生则以"准员工"的身份参与到企业的生产实践、业余文化活动甚至企业形象塑造与品牌建设之中，学校教学与企业实习可以按计划交替开展、有序推进，不仅使学生的职业发展规划提前确立，还能促进学生岗位实践能力、业务水平和职业素质快速提升。

第三，形成信息互通、过程共管、成果共享的良性循环运行机制。构建良性循环的运行机制，是订单人才培养模式成功实施、可持续发展的关键。运行机制包括了订单学生的选拔与班级组建、订单学生的管理、校企双方的沟通协作、企业学校学生三方权责的明确、培养成果的共享机制等。

首先，在订单班级组建时要保证信息真实、公开、透明。对订单企业而言，要真实、公开、透明发布企业的性质、规模、经营状况等基本情况，以及订单岗位的数量、要求、薪酬和职业发展空间等订单需求；对学校而言，要负责订单单位的选择和把关，主导订单人才培养方案的制定、发布与实施，开展对学生的引导、宣传，配合企业组织订单报名、选拔等工作；对学生而言，要深入了解订单企业情况、准确分析自己的职业定位、慎重选择订单单位，诚信参与订单选拔并履行订单人才培养责任。企业、学校、学生三方的充分沟通、深入了解是订单人才培养稳定开展的前提。

其次，在订单人才培养实施的过程中，要通过运行机制保障利益相关三方的积极参与，特别是订单企业要充分参与到人才培养的全过程中，并与学校共同制定人才培养方案、安排业务专家和技术能手参与教学和实习指导、安排行业班主任与学校班主任一起进行班级的日常教育与管理、安排学生参与企业文化活动与顶岗实习等，订单企业与学校协作越紧密、参与学生培养越多，学生的认同感、归属感就越强，培养技能的效果就越好。

最后，订单人才培养要实现学生、学校和订单企业三方共赢，形成培养成果共享机制，保障订单人才培养的可持续发展。通过校企合作培养，学生职业综合能力和职业素质、素养将得到更快的提升，为能够顺利走上工作岗位和为今后职业发展奠定扎实基础。企业通过订单培养获得稳定、有针对性、高质量的应用型人才，同时减少了大量招聘和培训新员工的成本。学校则有效推进了教育教学改革，培养了"双师型"师资队伍，提高了人才培养质量，实现了学生的高品质就业，提升了社会影响力。

（二）高职教育"双证书"制度管理模式

高等职业教育是培养面向基层生产、服务和管理第一线的高级实用型人才。职业资格证书和学历文凭是实用型人才的知识、技能、能力和素质的体现和证明，特别是技术等级证书和职业资格证书是高职院校毕业生能够直接从事某种职业的凭证。因此，实行双证书制度是高等职业教育自身的特性和实现培养目标的要求之一。

1. 职业资格证书制度的确立与发展

我国职业资格证书制度建立于 20 世纪 90 年代，1994 年《中华人民共和国劳动法》（简称《劳动法》）颁布，确立了职业资格制度的法律地位。

1994 年 6 月，国家劳动部职业技能鉴定中心成立，负责国家职业资格证书制度的实施。国家职业资格证书分为 5 个等级，即初级（国家职业资格五级）、中级（国家职业资格四级）、高级（国家职业资格三级）、技师（国家职业资格二级）、高级技师（国家职业资格一级）。职业资格证书由劳动部统一印制，劳动保障部门或国务院有关部门按规定办理和核发。1996 年《职业教育法》颁布，确立了职业教育学历证书、培训证书与职业资格证书相结合的双证书制度。

2. "双证书"制度结合的主要途径

（1）教育资源与职业资格培训、鉴定资源共建共享

近年来，职业院校积极与劳动部门和行业部门合作共建职业技能鉴定中心，职业院校负责开发或参与制定职业资格标准。在职业院校的教育活动与职业资格证书的实施环节中，做到资源上互通有无、资源共享、优势互补，并通过资源共建共享提高鉴定规模和效率，促进两个机构和两个领域更深入的互动。

（2）学校专业与职业岗位对接

职业院校的专业设置不像本科专业那样强调知识体系的完整性，而是经过精心设计比较接近于现实职业岗位的一种分类。职业院校要面向市场办学，就要求学校开设的专业要与生产、服务、管理第一线的职业岗位相对应，不仅对应，还要连接，因此，只有双方互动才能对应和连接，直至形成动态的、同步更新的对接运行机制。

（3）学历课程与职业技能鉴定培训课程相融通

职业教育与国家制定的职业分类和职业等级标准相适应的过程，就是职业教育的课程（课程计划、课程标准、课程内容）与就业准入制度所确定的职业标准和职业技能鉴定规范的要求相互融通的过程。课程融通是当前职业院校在课程教学领域推进职业资格证书制度实施的普遍做法。

第三节　高职院校教育背景下的学生工作

一、高职院校学生的基本特点

在校高职学生的身心还未完全成熟，世界观、人生观、价值观还未完全树立。据有关数据统计，高职学生已近大学生的一半，他们将是社会主义建设的主要力量之一。从目前情况看，当前高职学生大多为"95后"，他们的独立生活能力正在形成中。他们大多为独生子女，从小生活条件较好，成长过程比较顺利，基本没有经受过大的挫折。他们身处信息时代，从小就接触各种新媒体工具，接触的信息多而广，受到各种社会思潮的影响，对各种社会现象具有一定的认知，这其中有错误的，也有歪曲事实的。多方面的因素使高职学生呈现出一些新的特点，具体表现为认识观念的矛盾性、思想意识的多元性、个性特征的复杂性、学习情绪的功利性和生活状态的倦怠性。

（一）高职学生认识观念的矛盾性

高职学生虽然有非常强烈的爱国热情，但是缺乏坚定的政治方向。他们都立志报效祖国，愿意为祖国的富强、民族的振兴奉献自己的青春。但是，由于高职学生自身的年龄和阅历因素，部分高职学生对国家的大政方针认识不够深入，对政治原则缺乏深刻的认知，对当前社会上存在的一些不良社会思潮的危害性认识不足，对中国的历史没有一个正确和全面的认识，对当今的国情不能深入地把握，容易感情用事、意气用事，不能很好地控制自己的行为，从而走向良好愿望的反面。

（二）高职学生思想意识的多元性

当下高职学生的理想信念和道德观念呈现出多元化的趋势。经济全球化使得各民族、各国家、各地区之间的联系越来越紧密，这也大大促进了生产力的发展和人类社会的进步。同时，在文化、意识形态等广泛的社会生活领域也给我国带来了很深的影响。西方反华势力趁中国加大对外开放力度和增强对外交流之际，加强对我国进行遏制和渗透。而高职学生的思想意识、价值观念正向多元化转变。在高职学生中，既有代表人类先进的文明成果和社会前进的超前思潮，也有一些陈腐落后甚至是错误的思想，这会严重地影响世界观、人生观、价值观尚处在形成阶段的高职学生，导致部分高职学生思想信念和道德观念的迷茫。

（三）高职学生个性特征的复杂性

高职学生思想积极活跃、个性张扬，有强烈的表现欲望。一方面希望得到大家的认同，喜欢表现自己，但是部分缺乏沟通能力和承受力，心理素质比较差，一遇到挫折和打击，就灰心丧气，甚至一蹶不振，对自己丧失信心，常采取逃避方式，面临内心所想与自身行为严重背离的状况。另一方面，高职学生或多或少有些自卑，羡慕考入本科院校的同学，但对自己失利的原因却归因不当，他们把自己的失利归因于外部环境，而不是自身努力的不足。此外，一些高职学生本身就存在自控力弱、学习力差、自信心不足等情况，还有部分高职学生沉溺于互联网的各种网游、虚拟社区等游戏中不能自拔。他们在虚拟世界寻求存在感、自信心、满足感，严重者甚至通宵达旦，导致身体素质下降、生物钟紊乱、思维模糊、食欲不振等不良生理和心理反应。

二、高职院校学生教育管理工作现状

经过短短几十年的发展，高等职业教育取得了巨大的成就。在看到成绩的同时我们也要看到，一些高职院校在强调数量扩张时忽略了内涵质量的提升，另一些高职院校过分强调就业导向，在一定程度上弱化了育人功能，致使高职院校的人才培养出现功利化的趋势。目前的高职院校绝大多数都是1998年以后建立的，多数由过去的中等专业学校升格而成，因而中专的管理体制对高职院校有着直接的影响。国家推出了示范院校建设和骨干院校建设，对高等职业院校的内涵提升起到了积极的作用。

目前一些高职院校的学生工作还处于传统的管理模式。由于一些高职院校由中专升格的时间较短，学生管理中的中专痕迹还比较明显；学生文化基础相对较差，对理论知识的学习力不是很强，或对高职的认同度不高，或生活自理能力、心理承受能力差等。一些高职学校对学生采取严格、生硬的管理，忽视了高职学生的自我教育和自我管理能力的培养。由于高职学生管理工作队伍人数过少，素质参差不齐、不稳定，而高职学生人数逐年增加，学生工作队伍压力较大等原因，导致一些高职院校的服务意识比较淡薄。高职教育办学的基本价值取向是以服务为宗旨，以就业为导向的，其工学结合、校企合作育人模式的特点突出，而其学生工作没有把握高职的特殊性，因而在手段和方法上结合高职育人特点的改革还不是很多、不是很好。由于高职院校成立时间较短，以及学校对学生工作的重视程度有所欠缺等原因，学生工作在人才培养中的地位还不是很突出。总体而言，目前很多高职院校的学生工作还处于以教育管理为主的学生工作模式。

三、高职院校教育背景下学生工作的特点

（一）高职院校的职业教育属性

高职院校最重要的基本特征是学校类型具有独特的风格，这是高职院校不同于普通高等院校或中等职业学校的特征，它体现了高职院校在高等教育系统中的独特位置，是高等教育多样性的体现，也是高职教育核心竞争力之所在。

1. 依据经济社会的职业岗位和技术领域需要设置专业

针对区域经济发展的要求，灵活调整和设置专业，是高等职业教育的一个重要特色。高职院校专业设置大多以社会职业分类为基础，根据社会经济发展的职业岗位和技术领域的需要而设置。同时，专业的设置也受市场经济结构变化的影响而进行调整，新的职业岗位不断出现，高职院校基本上每年都要分析人才市场的需求和职业岗位的发展动态，适时开发新专业、改造老专业、淘汰过时专业。

2. 教学过程突出实践性

高职院校培养的是高素质技能型人才，在教学过程中注重学生实践能力的培养，广泛采用案例教学、项目教学、工学结合等方式方法，培养应用型人才。高职院校对高技能人才的培养面向社会、面向人人，培养与培训突出针对性、职业

性、灵活性和开放性，将学校的教学过程和企业的生产过程紧密结合，并通过订单培养、工学交替、顶岗实习等方式方法，加强学生的生产实习和社会实践工作，达到校企共同完成教学和人才培养任务。

（二）高职院校学生教育管理工作特点

当今，高职院校的学生工作呈现出一些新的特点，具体表现为主体的层次性、客体的多重性、环境的复杂性和理念的滞后性。

1. 工作主体的层次性

高职院校学生教育管理工作的主体是一支以专职学生教育管理工作人员为主、兼职教师为辅的数量庞大、覆盖面广阔的教育管理队伍。具体而言，学生教育管理的组织机构按照层次划分，可分为高层管理机构、中层管理机构和基层管理部门三个层级。在三个层级体系中，既有以学校分管学生教育管理工作的副书记、学工部（处）长、党总支书记、分团委书记、辅导员、班主任为主体的专职队伍，也有由校党委宣传部、组织部等政工部门和机关各行政部门有关人员、专业课教师组成的专职人员。因此可以说，高职院校学生教育管理工作的主体具有专兼结合、多层次、多格局的特点，基本实现了对高职大学生的全员、全程、全方位的"三全"管理。

2. 工作客体的多重性

随着经济的发展和时代的变迁，当今高职学生管理呈现出多样性的特点，教育管理客体的复杂性增加了教育管理工作的难度。一是高职学生大多处在18～23岁，这一时期正是一个人一生中心理和生理变化最大的时期，就学生个体而言，是一个复杂多变的矛盾体。二是高职院校学生群体成分复杂，既有城镇子女，又有农村孩子；既有家底殷实的富裕子弟，又有经济拮据的贫困学生；既有踏实好学的学生，又有得过且过的学生。因此，学生群体的良莠不齐增加了教育管理工作的复杂性。三是从理想信念和价值观层面上看，有的高职学生树立了正确的人生观、价值观和世界观，能够自觉践行社会主义核心价值观；有的则缺乏远大的理想，功利心很强，做事总是要求现实的回报，目标迷茫，价值观混乱，人生观、价值观、世界观扭曲，缺乏辨别是非的能力。

3. 工作环境的复杂性

随着当今世界多极化趋势的发展，经济全球化的进程日益加快。然而经济全球化是一把"双刃剑"，一方面，使得各民族、各国家、各地区之间的联系紧密；另一方面，在国内全面进行社会主义经济建设的大潮中，市场经济对高等教育产生了一定的负面影响，这些负面影响也在一定程度上反映到高职学生的精神生活中，从而以各种不同形式影响高职校园，冲击着高职院校的思想政治教育。此外，高职院校的教育体制改革和大规模的扩招办学使得当今高职院校的教育管理环境变得复杂。在全球化大背景下，对高职院校教育管理者而言，要做好高职院校学生的教育管理工作，就需要解放思想，与时偕行、与时俱进，更多地与外界交流，与世界接轨，更多地接受新鲜事物，接受新思维。完善学生教育管理工作，关系到高职院校的安全稳定和各项工作的顺利进行，也关系到社会主义建设人才的培养和国家的长治久安。

四、高职院校学生工作的创新

（一）教育管理理念创新

1. 转变教育管理观，树立以学生为本的思维模式

转变教育管理思维工作模式，改变传统封闭管理模式，建立"以学生需求为本""以学生能力为本""以学生素质为本""以学生发展为本"的生本教育管理理念；尊重、理解、信任和关爱学生，将学生放在管理的主体位置，为学生成长创造条件，使教育管理与服务体系结合在一起；实现从管理到服务的转型，把管理育人理念贯彻教育管理的始终。

2. 构建新型师生关系

现今是知识爆炸的时代，是互联网的时代。通信技术发达，信息传播途径广泛，学生获取知识、了解资讯、认识世界的方式、途径也多种多样。现在的高职学生从小成长的家庭环境、社会环境、世界经济环境也发生了新的改变，教师、学校管理人员对学生而言也不再是高高在上的、神圣不可侵犯的存在，学生有自己的价值判断，对社会有自己的理解和认识。因此，传统的以"管住"为目标的管理方法已经不能适应现在的学生管理，新型的师生关系亟待构建。作为高职院

校的学生教育管理人员要认识到，开放性和灵活性是高职学生工作的新时代背景和基本特征。故应当改变传统的学生管理理念和工作方式，要构建相互尊重、理解的平等和谐的师生关系，并由管理约束学生向服务发展于学生转变。

（二）教育管理制度创新

1.建立全员育人制度

在学校学生工作中，育人既是一个传授、引导的过程，也是一个感化、熏陶和养成的过程。在学校中，从课堂学习到社会实践，从宿舍生活到学习生活，从教室文化到校园环境，点点滴滴与学生生活相关的人、事都会影响学生的成长。在传统观念中任课教师只管上课，而思想政治教育工作则是班主任或辅导员的任务。现在应该摒弃这种观念，转变教育模式，建立全员育人的意识，"教书"与"育人"不是剥离开来的两个部分。学校教育也不仅仅是任课老师、辅导员、班主任的事情。学校的教师、各职能部门工作人员、管理人员因有一个共同的工作目标就是"育人"，所以在从事自己本职工作的过程中，对学生进行直接的或是间接的教育，以"润物细无声"的方式让学生在日常学习、生活中受到潜移默化的熏陶，把外在的教育方式转化为学生内化的教育影响。

2.整合教育资源，形成教育合力

学生的教育管理涉及范围相当广泛，包括思想政治教育、法纪安全教育、心理健康教育、就业创业教育、综合素质教育、教学管理、公寓管理、社团管理、资助管理、档案管理等诸多方面。高职院校应整合教育资源，完善健全与高职学生特点相适应的管理制度，明确不同层级中学生管理相关部门的职责、权限关系，做到岗位到人、职责到人、责任到岗，实现管理者责、权、利的统一。

（三）教育管理方法创新

1.进行全方位教育，提高学生综合素质

对高职院校学生实施包括思想政治教育、法纪安全教育、心理健康教育、就业创业教育、创新意识教育等全方位的教育。教育方法是一个多元方法体系，是教育者行使教育职能、实现教育目标，并使教育工作落到实处的重要环节。一方面，世界经济发展和科技进步主要是依靠高素质的人才，我们培养学生就应该使学生能够在德、智、体、美、劳等方面全面发展，提高学生的综合素质。另一方面，传统的教育方法与新经济时代的要求相距甚远，教育领域出现的诸多新生事物从客观上要求对教育方法进行创新。教育者要根据教育规律、教育原则，结合时代特点，把现代网络技术、可行性分析技术、全面质量技术等先进技术成果引入教育领域，并加以调整、改革，进而推广创新教育。时代的发展需要既具备科技知识又具备人文素养的高素质综合人才，需要教育管理者既重视科学知识教育，也要加强人文教育，使高职院校真正承担起融合科技教育与人文教育，并为国家培养符合时代需要的高素质人才的历史责任。管理者创新教育方法，在教育过程中要处理好知识、能力与素质的关系，要以适应社会需求为目标，突出人才培养的针对性和应用性，让学生具备一定的可持续发展的能力。

2. 创新管理方法，提高管理质量

学生的教育管理涉及范围相当广泛，包括理论教学管理、实践教学管理、学生公寓管理、学生资助管理、学生社团管理、学生档案管理等诸多方面。知识经济时代新技术、新事物不断出现，给教育带来的影响也十分巨大，教育管理的特征也在不断变化，教育领域出现的诸多新生事物从客观上要求对教育管理方法进行创新。学生是我们教育的主体，我们一切的努力都是为了学生更好地发展，学生处在整个管理体系的最重要位置。教育管理者需要认真研究教育领域的新事物、新变化，总结规律，把握特点，充分运用新技术、新方法，不断地整合与创新管理方法，提高管理质量，使教育管理更加适应时代的要求，从而有利于学生创新意识和创新能力的提升，培养出更多适应时代需求的具有创新思维的人才。

第二章　高职院校学生教育管理体系的构建

教育管理在高校教育的改革发展中起着重要的作用，构建科学、合理的教育管理体系，有助于解决高校在教育管理发展中的瓶颈问题，其亦是高校教育管理工作的催化剂。本章为高职院校学生教育管理体系的构建，主要围绕高职院校以人为本的育人理念、高职院校学生成长环境建设、高职院校学生学习指导体系构建展开论述。

第一节　高职院校以人为本的育人理念

一、基于人本教育理念的探讨

（一）人本教育理念的发展

人本教育理念是指在教学过程中，要始终以学生为根本，管理的对象是人而不是物，要正确处理好师生关系，充分调动学生的学习主动性、积极性和创造性。通过对人本教育理念内涵的界定，我们可以认为人本教育理念包含了以下几个方面的内容：第一，人本教育理念提倡要在人才培养的过程中，尽量满足学生的各种合理而正当的需求；第二，人本教育理念提倡在对学生进行管理的过程中，手段和方式要更人性化，要能够充分关心学生、理解学生、宽容学生、引导学生；第三，人本教育理念提倡要能够以学习为切入点，使学生适度张扬个性，注重学生个性的多样化发展，尊重学生的个性特征；第四，人本教育理念提倡各个学校在对学生进行管理的过程中，必须能够达到"三个结合"，即要能够把学生教育管理的热点、难点、重点相互结合起来，并把学生教育管理工作方法和满足学生不同层次需求结合起来，把教育管理工作和解决学生的实际困难结合起来。

人本教育新理念是指教育要尊重人的自然天性、遵循认识从不成熟到成熟的客观规律、引导受教育者主动成长为社会人，即人本教育新理念中的教育是面向人人的教育，把人的主动成熟发展置于教育的核心，以教育体制的创设、教育内容的选择与教育方式的取舍更好地促进人的主动成熟发展为旨归。人本教育通过促进人的主动成熟发展更好地协调、实现人性需求，培养具有技能和个性的全面发展的人，从而为社会发展提供一种强有力的人才支撑。

（二）人本教育新理念的特征

人本教育的核心是以教育人成长为最高目的，所以，其基本教育理念特征至少应该包括以下四个方面：

其一，教育是人人应享有的一项基本权利。人本思想作为一种先进的教育理论，对于高职院校学生管理具有重要指导意义。教育作为一种社会活动，是为了培养人，其目标是完善人性、培养全面发展个性的人。教育消费是一个国家和地区经济生活中最基本、最重要的组成部分，也是影响国民生产总值增长的关键因素之一。教育可以促进每一个人各个方面的成长，满足全体教育消费者的实际需求，确保社会成员受教权得到充分落实。教育具有独特而重要的作用和价值。教育不只是在人民的成长阶段，而是伴随个体的一生，贯穿于生命的始终。

其二，教育是从精神内部产生的活动。人本教育强调教育者与受教育者之间的相互理解和尊重。教育不是单纯的外在指导、塑造，而是生命个体在教育中实现人性的不断自我完善、持续进行形象的自我塑造。人本教育主要是激发受教育者的兴趣爱好，以适应受教育者长远的社会发展需求为根本，用受教育者的情感、经验、发现价值与真理为基础。只有受教育者之间、受教育者和教育者之间进行思想交流，产生情感沟通与生命对话的结果，教育才能被算作来自精神上的实效活动。

其三，教育应是一个被赋予个性化色彩内化的过程。优质个性的形成不是一个自然而然的过程，它需要经过后天培养和引导。人人都有不同方面的潜力和天赋，只是需要后天的挖掘与开发。每一个个体的潜力和个性差异是客观存在的，无论在发展方向上，还是在发展程度上。因此，学校必须为每一个学生提供适合他们个性特点和能力水平的教育机会和条件。正是由于每一位学生都发挥着潜能，有其不同的个性特征，所以无论在什么情况下，同一门课程均不应适用于全体学生，或者要求取得同样水平的成绩，而是要提供多种形式的学科类型，这样才能与学生个性特征相适应，使同学们可以结合各自具体情况，选择喜欢且擅长的专业科目进行学习，并不断提升进步。

其四，教育是一个精神乐园，其中的生命体可以进行自由、全面地发展。人本教育主张通过培育有个性、独立自主的生命体，促进人健康幸福地成长。在人本教育看来，社会应执行"百花齐放、百家争鸣"的自由文化方针，为生命体提供个性化的生长空间，学校应是一个对受教育者具有吸引力的地方，吸引点往往隐藏于教育生活表层下的人文，或者说是对于每一个需要自由生长的生命个体所给予的重视和尊重。要让生命体有一个健康快乐的心理状态，必须建立一种积极的心理健康机制。家庭要借助独特的生活环境与条件，促进生命体加强主体意识。即要以学生为中心，促进其身心和谐健康发展。这需要社会、学校、家庭建立三方合作、共同努力，由此建构起现代意义上的教育系统体系，让教育踏上更富有人性、人道和人情的良性发展路径。

（三）人本教育理念的要求

1. 尊重学生的主体性

尊重学生的主体地位，就要尊重学生的选择权和发展权。主体的权利和特点是其自身的能动性和自觉性，重要的是拥有选择权与发展权。选择是人比其他生物更为优越的地方，教育应为学生的自主选择提供条件，并帮助学生学会选择。教师在教育教学过程中既要尊重学生的兴趣和爱好，尊重学生的选择，也要适当引导和培养学生的选择能力，最终使学生在面对学习时做到兴趣与责任并重、个人需要与社会需要统一。学习权与发展权是每个学生都具有的平等权利。尊重、关爱、平等地对待每个学生，这是以人为本教育理念的基本要求，也是每个教师职业道德的底线。

2. 尊重和发展学生的个性教育

优质的教育必然是个性化的教育，以人为本的教育要关注每个学生的个性发展。培养和发展学生的个性，是尊重生命多样性的体现。人的个性，每时每刻都在萌发、生长、成熟，没有片刻停息。压抑人的个性等于扼杀人的生命，以人为本教育的真谛就是尊重、呵护每个学生的独特性，充分发展每个学生的个性，让生命呈现固有的灵动色彩、姿态各异的图景。马克思关于人的全面发展观点既承认人发展的普遍可能性，又承认人发展的个别差异性。马克思指出："即使在一定的社会关系里，每个人都能成为出色的画家，但这决不排斥每个人也成为独创的画家的可能性。"① 只要社会为人的发展创造足够的条件，每个人的各种能力都会得到发展。然而，由于每个人的先天遗传条件和后天社会环境的不同，人与人的发展存在着种种差异，这种差异正是人的个性。

二、高职人本教育理念的实施

（一）我国高职院校学生人本管理存在的问题

高职院校学生管理工作的基本任务是以人才培养为主线，服务于学生的成长发展。因此，要想做好高职院校的学生工作，就必须根据实际情况制定科学合理的管理模式。我国高职院校的学生管理工作应该是以突出学生个性、服务于社会发展的需求为目的，使得学生能真正发挥其主体作用，适应现代经济社会对人才素质提出的要求。要适应社会发展的需要，归根到底是靠学生来完成的，若不注重学生参与的积极性、主动性，那么，学生管理这一终极目标就很难达到。所以说高职院校学生管理工作中必须坚持"以人为本"这一理念。高职院校学生的特点决定了它的管理模式必须适应学生实际发展情况。高职院校学生管理工作应以培养全方位人才为主旨，学校的全面建设、发展与改革也要以此为宗旨，给学生营造一个好的学习氛围和生活环境，这是学生理应拥有的一种权利，也是学校的主要职责。学校与学生并不仅仅是原来的管理和被管理的关系，而应提升到服务和被服务的层次，学校不应认为学生管理工作的目的是为了维持学校的稳定与发展，从而忽视学生个体特征及自我潜能的发展，学生在学校管理工作中，如果一直是处于被动接受的地位，就会严重地影响他们学习的积极性。

高职院校的学生管理，既是一门学问，更是一种艺术，是非常讲究管理方式与方法的。因其使用方法的不同，最后呈现出的管理效果亦有很大差异。随着社会经济的快速发展，人们生活水平得到了明显提升，对于人才素质要求也不断增加。因此，高职院校必须加强自身教学管理工作的优化，以实现学生综合素养与技能的全面提升。高职院校在将学生作为教育教学工作中最重要对象的基础上，

---

① 马克思，恩格斯. 马克思恩格斯全集（第 3 卷）[M]. 中共中央马克思、恩格斯、列宁、斯大林著作编译局，译. 北京：人民出版社，1960：460.

应通过多种途径对其实施恰当的引导与监督，并根据实际需要制定合理的管理策略，使学生能够更好地适应当前社会环境。

（二）高职教育管理融入以人为本理念的必要性

提升管理质量的必然选择是以人为本。在当前形势下，如何进一步贯彻落实好以人为本的理念已经成为一项重要课题。把以人为本的理念贯穿于高职教育的管理工作中，站在教育行政部门的立场，更利于他们深刻认识教育管理中亟待改革的地方。从政府层面来看，要想进一步提升社会对职业技术人才的重视程度，就必须贯彻落实以人为本理念。如果离开了"人"的根本要素，再大的教育改革，也只能是一句空话，只有坚定人本理念，实行人性化管理措施，强调各级单位之间的团结协作，教育行政部门能够充分发挥其模范带头作用，下级的单位能较好地贯彻有关政策，才是真正做到了以人为中心进行管理。要充分尊重每个学生的个性差异，使每一个学生在不同层次上得到应有的帮助和指导。站在高职院校的立场上，唯有坚持以人为本的思想，才能更好地开展职业教育。高职院校的基础职责和基本工作，都要紧密围绕学生当前的学习成长需要以及今后长远发展需求来开展，同时也要关注教师成长和发展的需求，这样就能更好地打造以人为本的高质量校园、推动职业教学可持续发展。

以人为本也是打牢高职教育管理的基础。在当前形势下，如何进一步贯彻落实好以人为本的理念已经成为一项重要课题。高职教育管理犹如一座建筑，同学们就是建筑大楼的一块块砖头，而教师则是建筑这座大楼的人，二者缺一不可。没有一个稳固可靠的根基，大楼很容易坍塌，也会失去存在的意义。大楼想要稳固耸立，就得有坚实的地基支撑，以人为本理念就是埋藏于大地之中的地基，在整个教学管理过程中居于核心地位。只有不断强化高职教育管理才能使之更好地服务于人才培养目标，提高教学质量和水平，促进我国高职教育事业蓬勃发展。传统高职教育管理也是教师群体管控能力的体现，因为一些高职学生的自制力不足，教师多以强制要求为主，而且学校的规章制度总体上对学生的约束比较大。因此，加强和改进当前高职院校的管理方式显得尤为重要。就教育本质而言，高职院校为职业人才培养提供了重要阵地，它应在日常教育管理工作中，积极体现以人为本的育人理念，应采取有效措施全面调动学生学习的主观能动性，创建和谐学习氛围。因此，如何落实以人为本思想在实际工作中的应用策略是一项重要课题。可以说以人为本的高职教育管理工作能有效提高学生的综合素质，有助于学生在学习期间逐步提升能力，最终达到职业长远发展目标。

以人为本的理念可以为建设和谐校园提供切实帮助。高职院校作为我国高等教育体系中不可或缺的一部分，其发展水平不仅影响着整个国家的经济实力，更关系到社会人才素质与能力的培养，对社会主义现代化建设具有至关重要的作用。高职院校建设和谐校园，有赖于健全的管理制度，而建立高效运转管理制度，则需坚持以人为本的思想。作为高校管理工作中最主要的组成部分之一，教学管理在整个人才培养体系中起着至关重要的作用，也关系到学生能否顺利成长、成才。当前，各类高职院校对素质教育日益重视，在这个进程中，逐步改善学校硬件和软件设施的同时，学校也应注重对教育管理部门的工作进行完善、创新与优化。只有不断强化高职教育管理，才能促进我国高职教育事业蓬勃发展。在构建和谐校园并且提升教学管理质量的过程中，各校、各系的配合与协调是十分重要的，促进学校和谐发展、提高教育教学质量都有赖于畅通的协同机制。高职院校应贯彻以人为本的思想理念，并在众多的教育教学活动中，真正把促进人类发展放在首位，融人本文化于校园文化之中。

（三）高职人本教育理念实施要求

人本教育强调人的天性和主动性，是一种职业教育的新理念，它是把人放在主动的位置。即让人回归教育之根本，引导人顺遂天性，由自然人向社会人发展，具有能动的意义和价值。

1.教育观念人本化

高职人本教育新理念强调将学生视为目的，而不是手段。以学生为本是教育的宗旨。教育的出发点和归宿都是学生；学生也是教育过程中最活跃、最具能动性的因素。教育的基础和根本也是学生。高职人本主义教育思想主要体现在以培养"职业能力"为核心、注重人文关怀和心理疏导以及关注学生个性与特长等方面。高职人本教育理念要十分重视学生的身心健康和全面发展，视学生为一切工作的起点与终点，关注同学们的想法与需求，转变以往单向灌输、高标准要求的思维习惯，有效挑选合适的教育内容，适时调整办法与措施，努力把学校的一切教育活动搞得有声有色。

2. 教育教学个性化

高职的人本教育新理念，要求教师必须将学生视为具体人，不能视为抽象人，学生是一个具有潜能的、正在发展的个体，教师应用发展的眼光看待学生，而不能单纯地用某一成绩的分数定义一个学生。这就需要我们从更高的层次和更全的角度来审视学生。在近几年职教改革过程中，大多数职业教育工作者都开始重视学生的终身发展问题，这是一个积极的现象，但是教育工作者们也产生了错误的认识，即把学生看成抽象的人、机械的人，千人一面，毫无个性可言。这就使学生丧失了学习热情和主动性，有悖于高职人本教育的新理念。

推行高职人本教育的新理念，不单要把学生当成教育对象，更应将学生视为特定的个体，对于具体问题、具体的人都要进行具体分析，不对学生作统一认识，不设立完全统一的高层次目标要求。这就需要我们对以往的高等职业教育观进行反思与重构，以实现"以人为本"的新观念。将人视为抽象或具体，这是专制主义和民主主义最基本的差别，更是传统高职教育和现代高职教育发展的分水岭。在高职教育理念中，强调人的独立性和自主性、重视个性的培养，就是要以"人"为中心。在高职院校开展人本化教学应遵循以人为本的理念，以学生作为主体进行教学，使其成为具有独立人格的完整个体，并能适应时代的需要。我国历经千年儒家文化社会，很多人心中都不可避免地残留了某些教条思维和官僚思维。要坚持新的高职人本教育理念，就需要转变这些消极思维观念，每个学生都是独特的个体，每个人都具有独一无二的个性和天赋，反映到实际教育工作上，就使得教育工作具有一定层次性，为适合学生们的个性特征，制度的实施标准就要有一定弹性。要以尊重学生个性发展为前提，区别对待学生的个性发展，达到因材施教的目的，并为学生的成长发展提供更多可能性，实现长期和短期目标、社会发展需要和学生个体实际相结合的目标。

3. 教育过程主体化

高职人本教育新理念突出学生在教育中的主体作用，认为学生是能动者，不是被动者。这就需要我们从更高的层次和更深的角度来审视学生。促成人的自我价值的实现是高职人本教育新思想的基本宗旨，而要想做到自我价值的实现，就必须充分发挥人的积极性和主观能动性。高职人本主义教学观强调以教师为主导、以学生为主体，注重培养学生自主学习能力和创造意识以及自我发展与社会需要相结合等方面的内容。所以，高职人本教育新理念必须将人视为能动的而非抽象的。

在当代高职教育改革的进程中，人们日益认同这一看法，也就是教育中教育者和受教育者之间要主客体关系相对地存在。所谓主客体之间的这种相互联系或制约，实质上就是一种相互影响的关系。一方面，教育者向受教育者进行教育，教育者通过一定的方式或手段向受教者传播信息并影响他们的心理状态，使之产生相应的反应。此时教育者为主体，受教育者就是客体；另一方面，受教育者的受教育情况及受教育者本身的素质与能力水平对教育者也有反馈作用，就此而言，受教育者为主体，教育者为客体。同时，教育活动本身就是一种双边互动的实践过程。教育这一双向互动关系，是以视学生为能动者而非被动者为前提的。另外，在教学中不仅要重视知识传授，还要重视对学生进行心理疏导。这也是高职人本教育新理念的基本要求。因此，在进行高职教学过程中必须坚持以学生为本的原则。就高职教育的工作而言，需要我们认识到每个学生都是有意识、有想法的，其主观能动性程度和知识接受与能力体现方式都不相同，只有建立正确的认知才能采取恰当的教育措施，充分调动学生的参与性，开发其潜能。任何一种行之有效的教育，都要靠学生自身去参与、去接受，而非靠老师单向灌输就可以见效，高职教育亦不能例外。因此，在高职教学中必须充分发挥学生的主动性和创造性，让学生成为课堂学习活动的主体，使其能够自主地发现问题、提出问题、分析问题并解决问题，进而提高自身的综合能力。一旦脱离了学生主观能动性，便无法得到真正意义上的了解与接纳，更得不到知识与技能的练习，这种高职教育效果十分不佳。

总的来说，贯彻以人为本的高职教育理念，其任务不仅要对学生进行知识讲解，还要激发学生的参与热情，发挥其能动性，并指导学生正确地认识自己，进行正确自我评价、自我教育、自我管理，指导其在认识的基础上自我练习知识与技能。

第二节　高职院校学生成长环境建设

学生的成长和环境密不可分。广义而言，学生成长环境是指包含学校在内的社会大环境；狭义而言，学生成长环境是指学校为学生成长创造的物质环境和精神环境。一般而言，物质环境包含校容校貌、教学场所设施、生活场所的布置等内容；精神环境包括校风校纪、教风、学风、师生心理状态、人际关系等内容。在校园里每一个教职员工都是育人者，一草一木皆有育人之功效。

一、高职校园文化环境建设分析

（一）高职校园文化环境建设的依据

第一，做好校园文化建设规划，为进行文化建设提供蓝图。校园文化建设具有复杂性、长期性、谐同性，因此我们在进行校园文化建设时，既不能出现简单主义倾向，也不能因为复杂就望而却步、无所作为。科学的、正确的做法应该是在制定学院总体发展规划的同时，群策群力，发动大家广泛参与，制定一个系统且可操作的校园文化发展规划。制定规划的过程是集思广益、形成共识的过程。高职院校要发展，必须在关乎学院发展的重大事情上，通过组织大家广泛研讨，调动每一个人的积极性，让他们参与其中。其意义不仅在于办好具体事情，还在于让每一个人以主人翁的姿态体验建设的乐趣。校园文化规划就是这样的事情，经过研讨大家会充分理解高职校园文化的功能与特点，并在此基础上形成高职院校文化建设的共识。

第二，在制定校园文化建设规划时，要处理好校园整体发展规划以及各项分规划的关系。学校的整体发展规划是学院未来发展的总蓝图，是对党代会精神在顶层设计的具体化。各项分规划包括师资队伍建设规划、校园建设规划、专业建设规划、校园文化建设规划等都必须以此为依据。由于校园文化具有综合性的特点，所以在制定规划时，必须做好与其他分规划的协调与衔接。

第三，做好学校办学定位，为校园文化建设提供基本指南。文化看似是自然形成的，实则是主体推动的结果。我们在进行文化发展时，既要顺其自然，又要不断强化人的作用。文化是一种价值体现，从某种程度上说，文化即"人化"，是一种大教育，只不过文化教化人的作用更加具有渗透性。高职院校校园文化建设与其他文化形态相比，人为性要远远大于自然性，其办学主体的理念、意志无不体现在校园文化当中。那么，如何建好这种学校文化，又如何通过高职校园文化建设反推学校整体的发展，这应当是我们着力思考的一个重要问题。

（二）高职校园文化环境建设的途径

第一，高职院校如果想让校园文化环境建设呈现出一定的良好效果，相关部门的投入资金是非常重要的一项内容。应该把投资的重点放在校园环境、实验器材、教学设施的改进和配置上，另外，在学生进行实践活动和校外实习活动的过程中，也需要学校投入一定的资金。只有高职院校十分重视对校园文化环境的建设，并加大投入的力度，校园的文化环境才能够得到更加长远的发展。除此之外，高职院校还应该将社会中的资源重视起来，使社会的力量也加入到校园文化的建设过程中。例如，高职院校可以设立企业赞助的奖学金，并邀请企业家们进入校园宣讲，这也能够对校园文化环境的建设起到重要的作用。建设校园文化环境不仅仅是学校的工作和任务，同时也是学生的责任，学校、老师和学生应该共同努力，加速提升校园文化建设的效率。

第二，在进行院校的校园文化环境建设过程中应该和职业的特点结合在一起。另外，高职院校可将学校简介雕刻在校园中心的标志性建筑上；在校园的展板中也可以张贴上学校名人的语录和照片；班级的规定和制度可以在班级的展板中体现；在校园的长廊上可以张贴励志的语录和名人名言。这种和职业相结合的建设方法，可以让学生在校园的环境中随时感受到积极的氛围，并在这些浓厚的学习氛围中沉下心来，提高学习的兴趣，探索和学习专业性的知识，加强对自身专业知识的学习。

第三，建设并提升高水平的校内和校外实习实践场地。培养出社会和企业需要的高水平和高技能人才，是高职院校办学的根本目标，所以在建设高职院校的校园文化过程中，也应该以社会的实际需要为根本出发点，将高职院校的环境特点和专业知识结合在一起，从而为全社会输送优质的人才。为了提升学生的培养质量，就需要建设好学校内和学校外的实践场所，让知识在实践中升华，让学生在实践中加强对专业知识的理解，从而更好地建设学校的校园文化环境。

第四，建设图书馆。图书馆已经成为校园文化环境的重要组成部分，并且不断促进着校园文化环境的建设。在科技水平不断提升的现代社会，有些高职院校的图书馆资源更新速度比较落后，这是因为在平时院校对图书馆的建设不够重视，这就导致了学生对图书馆的兴趣不足。如果学校想提高学生对图书馆的满意程度，就需要与时俱进，不断提升图书馆中的图书资源，保证信息的充足。另外，还应该跟上科学技术的发展水平，建设好网络方面的图书借阅制度，以提升学生的体验感和满足感。

二、高职校园制度工作体系建设

（一）服务型学生工作体系的内涵

结合目前的实际情况，高职院校应着重研究并积极实践发展服务型学生工作体系。高职院校中的服务型学生体系，就是以科学发展观为指导，结合"以生为本"的教学理念，完善和发展"三全育人"的体系和素质教育的体系，在长期的实践检验中，建立起一套促进学生发展的工作体系。服务型的学生工作体系使用的是教育、管理、服务、发展相结合的方式。在这个服务型学生工作体系中，教育、管理、服务的内容起到的是工具和方法的作用，最根本的目的就是促进学生的发展。这个体系包括了学生的学习、发展和成长等内容，并在促进学生进步和发展的同时，也促进了教师、学校的进步和发展。服务型学生工作体系一共包括了五个方面的内容，分别是学生工作理念、学生素质教育体系、学生工作队伍建设、学生工作方法和系统性的学生培养环境。在建设服务型学生工作体系的过程中，应该以"三全育人"原则和统筹兼顾原则为出发点，坚持"以生为本"的理念，坚持发展性的原则，坚持敢于创新的原则，以及坚持活动和教育相结合的原则。

（二）发展服务型学生工作体系的构建

第一，坚持好"以生为本"的工作理念。"以生为本"的理念是发展服务型学生工作体系的核心价值。"以生为本"要求全体教工尤其是一线教师要多了解学生，多关心学生，从学生的个性和性格出发，发展学生的积极性，以学生的个人发展为教育的根本出发点，首先，应考虑学生的想法，以学生为荣；其次，要尽职、尽力地促进学生健康成长、成功就业、优质成才；最后，要进一步优化育人环境，构建完善发展服务型学生工作体系，不断深化"以生为本"的理念和实践，为好学的学生提供发展和进步的平台，让学习存在困难的学生得到关怀，并让学生感到快乐学习的氛围，在校内形成爱生文化。

第二，进一步加强学生成长环境建设。"三全育人"理念是做好学生工作的必要条件，"全员育人，全过程育人，全方位育人"是发展服务型学生工作的必要条件，同时也是重要内容之一，应进一步推进"三全育人"工作，完善"三全育人"保障机制和工作机制，创新工作载体，营造"三全育人"的良好氛围，形成强大的育人合力。在发展服务型学工体系中做好学生成长环境建设，主要是做好学生安全稳定工作，做好学生的学习指导工作、职业生涯规划与就业指导以及文明寝室建设工作，构建完善发展服务型学生资助体系和心理教育工作体系。

第三，进一步完善学生素质教育体系。在建设素质教育体系的过程中，应该充分利用好高职学生在学校的三年时间，帮助学生在快乐的氛围中学到知识，在规定的时间内顺利毕业，实现高质量的就业，提升个人的发展水平和发展质量，这些要求既是规划纲要的内容，也是院校教学的任务和目标。高职院校的学生应该在这三年的学习时间里，受到高质量的学习教育，学校应做好相应的规划和设计，建立起育人的机制和系统，完善学生的素质教育内容。

第四，建设好学习型的工作队伍。建设好一支学习型的组织和队伍，并且能够满足社会的发展愿景、满足教育的发展方向、满足学生的个人发展要求。工作的队伍是构建和发展服务型学生工作体系的重要内容，同时也是工作体系建立的重要基础。学生工作队伍的建设是建设学习型工作队伍的前提和保障。调研、讨论和研究相关的工作内容，是提升学生工作队伍能力和素质的重要内容。并且还要建立起辅导员的队伍，探索辅导员的培训和提升路径，实现辅导员的素质提升。对班主任的工作进行考核和评定，从而敦促辅导员提升自己的工作能力和工作水平。然后是建设一支学生骨干队伍，并加强对骨干学生的培养和培训力度，不断提升培养学生的水平和质量，开展朋辈的教育示范活动，让骨干学生和先进集体发挥积极的带头作用。

第五，完善和提升研究式学生工作方法。为了应对外部环境和学生情况的变化，开展研究式的学生工作方法可以提升工作的效率，在工作的过程中，也应该考虑到网络产生的影响，以及学生管理模式发生的变化。坚持工作例会等会议的制度，并固定研究学生工作的时间，帮助学生工作者们申请参与各种类别的思政专项研究课题，促进学生工作组织不断进行工作的研究和实践，开展学习型的组织活动，并宣传学生的管理组织方法，对学生的情况进行调研活动，使研究式的学生工作方法能够满足社会的要求和学生的发展需求，进而真正提升学生工作队伍的实际水平。

三、改革高职院校内部管理体制

（一）校院两级管理体制的基本特征

当前，高职院校校系、校院两级管理体制并存，即使是实施校院两级管理体制的学校具体情况也存在较大差异，在具体操作过程中缺乏统一性、规范性。相对校系两级管理体制，校院两级管理体制具有以下一些基本特征：

第一，管理重心下移，更有利于专业学院的自主发展。专业学院往往由相近专业系或相关专业系整合而成，专业院校设置的过程其实也是资源整合的过程，集中专业资源、整合专业资源、优化专业资源，可以减少重复建设，有利于提升专业平台的质量和水平，有利于专业品牌的建设。与专业系作为单一的教学组织不同，专业学院是一个实体性行政组织，可以更加自主地行使办学权力，除了正常承担教学、科研和师资培养任务之外，更加方便其自主开展社会服务、校企合作和学术交流活动。

第二，明确学校和学院的责任和权力，激发起学院的发展潜力。明确权责是保证学校和学院工作发挥实际作用的关键环节。从校系两级管理体制向校院两级管理体制转变，最主要的变化在于行政权力分配的优化与平衡。

在校院两级管理体制下，专业学院的行政权力得到了增强，可以体现为两个方面：首先，拥有了一部分的决策权。专业学院获得权力之后，可以自主确定教学的环节、专业的发展、学院的建设、师资的引进和学生的管理等内容，与此同时，也担起了更大的责任。其次，拥有了一定的人事建议权。选拔和任用教师的过程也纳入了中层领导干部的管理内容之中，竞争之后才能上岗，任期聘任；专业学院可以选择和聘任系主任、专业教师、教研室、负责人和行政干部等人选。这样不仅能够帮助专业学院根据实际的需要建设好教师的队伍，还能建设和培养好专业的教师人才梯队，不断完善教师的队伍结构。再次，获得部分财务管理权限。在学校统一管理的模式下，基层单位没有办法决定经费的使用。在实行校院统一管理的制度后，专业学院可以根据学院内部的财务计划，对资金进行合理的安排和调整，提升资金使用的自由性和目的性，以及经费的使用效率。最后，获得比较独立的资源配置权。在校院两级管理的体制下，要让资源配置的主体从学校向学院转变，让办学的资源从计划向市场性质转变，最终达到让资源和教学研究、社会活动充分地结合起来。学校将管理的权力交给学院的同时，也要改变对专业学院的投入方法，在配置教学资源时，要以市场的机制为主，从而提升资源使用的效率。

第三，优化了管理评价机制，有利于实行目标管理。在校院两级管理体制中，学校层面可以从具体的教学、科研和社会服务事务中脱身出来，更宏观、更综合地考虑学校的发展战略规划和发展目标，用资源配置、激励政策、评价监督等管理方式促进各专业学院的整体发展。专业学院则在学校整体发展规划中明确自身的定位和目标，制定具体的发展策略和发展计划，锐意改革、自主创新，在完成各项发展任务的同时，办出专业学院自身的特色。在学校管理中，考核、评估是调控的一项重要手段。学校可以通过建立科学合理的考评机制，将相关的发展目标和建设目标转化为具体的评估指标体系，并从办学理念、教学的人才队伍建设、科研层级、师资、社会活动、校企合作、管理效率等方面进行定期的评估考核。这样，学校通过计划、指导、协调、检查、评估等调控手段，推动专业学院发展水平的提升，形成具有教学特色的和社会发展较为紧密的校院两级管理体制。

（二）校院两级管理体制改革应注意的问题

职业院校的管理体制从校系两级向校院两级转变是管理模式的转型升级，管理方式、制度体系都要进行一系列的优化，在改革过程中需要注意处理好几个问题。

一是要处理好学校统筹管理与专业学院自主性建设的关系。学校统筹管理与专业学院自主性建设要达到一个较为和谐、共同发展的状态。随着学校的办学规模不断提升，高层领导的任务也越来越繁重，因此，学校的领导要将一部分的权力下放到专业学院中，并不断提升发展的方向和规划水平，制定出相关的流程和制度来促进专业学院的办学发展，并使用教学管理、反馈机制和督促机制来掌握和评估学院的办学质量和行政效率。与此同时，专业的学院也应该建立起独立管理的机制，在学校的统一安排和统一计划下，从自己学院的实际情况出发，制定出符合实际情况的发展计划。并且不断形成独立发展的办学思路，从而拓宽发展的道路，并从社会实践中吸取经验，形成良性循环的发展机制。

二是要使用比较先进的管理理念，在进行校院两极管理的过程中，一定会经历一个思想过渡的过程。专业学院的领导应该从管理的意识出发，实施较为先进的管理理念，并为学院的发展提供合理化建议，学院的领导还应该研究如何使用学校下放的权力，对学院的办学工作进行完善的管理，但这个思想转变的过程还是存在一定难度的。专业学院的领导层应该不断从实践中吸收教训，从而更好地实施两级管理。

三是建立健全专业学院的管理制度和管理的标准。要建立好校院两级管理体制需要一个过程，然后才能够实现机制的运行。根据校院两级管理体制的内容和运行的基本内容，可以根据以下的几个步骤确立好管理的总体框架：第一，更好地明确两级管理的职能范围和学院的不同职能、体制和决策方式。第二，制定出涵盖设备、资金、人事、科研和教学的《校院两级管理实施细则》，细则中应该说明学院的管理方法，并划分学校和学院的不同工作职责。第三，从学院的层面加强管理，制定出相应的制度内容，从物资、财产和人力等方面说明学院的办学资源。第四，学校可以在机构和体系建设上给予学院一定的帮助。第五，明确学院发展的计划和规划，从而保证学校还能够为学院的发展提供一定的帮助，并且确定好学院的综合考核方法，加强评估考核。

四、完善"三全育人"工作机制

（一）高职"三全育人"工作困境

1. 全员育人"缺位"：全员协同育人体系不完善

全员育人的方法就是每个人都可以作为育人的主体，每个人都可以成为育人的参与者。虽然高职院校一直在努力推行全员育人的内容，但是还是出现了一定的育人"缺位"现象。这个现象出现的原因，首先，是因为对于育人的认识不足。有一部分的高职院校教职员工依然认为育人的责任主要是思想政治理论课老师或者是辅导员来承担的，认为育人和专业课教师、科研人员、辅导人员和后勤服务人员没有多大的关系，因此导致了这些人员对育人的认识存在"缺位"。其次，是对协同育人的工作格局认识不足。党和国家对"三全育人"的工作越发重视，高职院校也积极响应号召，开始跟进育人的工作，但是一些院校的育人工作较为分散，不同部门之间缺少合作，出现了育人孤岛化和部门化的现象，缺乏协同育人的大格局观。

2. 全过程育人"脱位"：全程贯通育人体系不健全

在人才培养的过程中，应该将育人的理念贯穿其中，这就是全过程育人的目的，要达到时时刻刻都在育人的效果，并确保育人的过程不会出现断档或暂停。尽管高职院校已经十分注重全过程育人的工作，但是在实际的育人过程中，仍然会出现"脱位"的现象。

3. 全方位育人"失位"：全方位融通育人体系不完备

全方位育人就是将育人要素和育人资源更好地结合在一起，实现全过程、全时间的育人。虽然高职院校一直在努力落实全方位育人的工作内容，并且也在充分调动不同的育人资源，但是，在育人的过程中依然会出现"失位"的问题。

（二）高职"三全育人"工作机制建设的必要性

"三全育人"是"全员育人、全过程育人、全方位育人"的简称。完善的"三全育人"机制是学校高品质育人环境的重要组成部分，是做好学生工作的必要条件，是发展服务型学生工作的重要内容之一。高职院校应进一步推进"三全育人"工作，完善"三全育人"工作机制，创新工作载体，营造"三全育人"的良好氛围，并形成强大的育人合力。

"三全育人"的工作非常重视思想引领工作在高校教育教学过程中的作用。时代的发展环境在变化，使得人工智能、互联网、云计算等数字经济的内容和科技发展的速度非常迅猛，学生获得知识和信息的方法也在不断地增加，教师不再是掌握着所有知识的传授者，也不再拥有绝对的知识垄断地位，这种教师地位的变化，对学生的政治思想、价值观念、知识体系以及思维的过程，都产生了很大的影响。首先，目前高职院校的培养对象都为"00"后的学生，学生们比较重视自我价值的实现、心理素质不够高、缺乏合作的精神和意识、比较喜欢行动上的自由，所以需要对学生的人格和性格进行锻炼，帮助他们磨练自己的品格和高尚的品德；其次，现在学生们能够接受到多种领域的知识，不同领域的知识还会出现碰撞和交流，意识形态的观点也在发生着激烈的碰撞，各种知识内容的质量是参差不齐的，甚至会有外国的不良知识导向内容，因此，需要对学生的思想内容和价值取向进行引导，帮助学生树立坚定的社会责任感。

（三）高职"三全育人"工作机制建设探讨

第一，构建"成人成才一体化"育人体系，保障全方位育人。

高职院校在建立系统化课程体系的过程中，要重视建立起一套"德、智、体、美、劳职业发展"的五位一体成人教育课程体系，这个体系的构建由学院和学校共同完成，使"成人"的教育更加系统化，并在此过程中和"成才"的教育结合在一起，形成"成人成才一体化"的育人体系。学院方面的课程由保卫处、团委、学生处、教务处和社科部共同完成，系部方面的课程则应该聘请学校内部和外部的专业教师，将校外和校内的教育资源结合起来使用。

"成人成才一体化"的育人体系课程出现在学生教育的不同阶段，"成才"部分的成绩一般指的就是学生的专业成绩内容，"成人"的成绩标准则是以学生的第二课堂成绩为主。在育人体系的过程中，应该要注意发扬两种精神，也就是职业道德和敬业精神；掌握两种能力，即良好的社会适应能力和团队协作能力；提高两种素质，即品格素质和职场素质。

第二，探索"三联两导"育人模式，搭建全员、全域育人平台。

教师联系宿舍，中层领导联系班级、院级领导联系系部是育人模式中的"三联"内容；"两导"就是对服务的引导和对问题的疏导，在这之中，导师制度和辅导员助理制度是"服务引导"的实现方式，就业创业指导与心理疏导是"服务引导"的实现方式。需要学生工作者们注意的内容是导师制度应该成为帮助学生学习和生活中的主要内容，要帮助学生树立起伟大的人生目标，交给学生相关的专业知识，帮助学生解决学习方面的问题；帮助学生树立正确的社会认识观，让学生树立积极的学习观念和奋勇拼搏的意识；做好学生的日常指导工作，提升学生的心理健康水平，及时和学生沟通学习和生活上的问题，培养学生养成积极向上的生活习惯。在工作中挑选出来的辅导员助理，要及时掌握班级中学生的情况和思想上的状况，并和学生保持密切的联系，如在班会等场合发现学生存在的问题，要及时和辅导员进行沟通。

第三，实施"全成长链"人才培养全程贯通。

高职院校要重视育人发挥的重要作用，并将育人的工作继续下去，在学生的成长过程中重视立德树人的内容教育。总而言之，就是要将育人的教育观念落实到学生的教育工作中，从学生入学持续到学生的就业，在学生入学阶段就根据学生具体的个性和特点，对学生的学习和成长进行合理科学的设计，实现三年不断线的育人目标，促进学生的综合素质不断发展。高职院校在提升学生素质的过程中，要以立德树人为根本的出发点，按照计划进行工作的安排，组织和协调各个方面的资源配置，建立起"五立"课程体系，包括立标、立业、立职、立基和立德的内容，并科学地培养学生的多种素质水平，让育人的培养过程衔接得更到位，从而使学生从入校到离校都能够接受高水平的育人培养教育。

第四，实施"全成长链"质量诊改全程贯通。

质量是高职院校在全过程育人中最应该注意的内容。立德树人是全过程育人的根本任务，"全成长链"是育人过程中应该建立的质量监控体系，还要以改进和发现问题为手段，全面检查和分析在学生成长过程中应该重点注意的事项和因素，按照"目标—标准—计划—组织—实施—诊断—激励—学习—创新—改进"的顺序开展诊改工作，并且建立起"持续良性运行、上下左右联动、自觉改进提升"的运行机制，推动诊改的运行，并进行质量上的监控，保证学生的成长和进步质量。大数据的技术是育人质量提升的关键基础，大数据智慧育人平台是高职院校的下一步工作内容，帮助学校对育人的数据进行获取和分析，并及时跟踪和监测相关的成长数据，及时调整教育的内容和方法，提供更为成熟的改进措施，提供更加智慧化的育人服务，同时服务于学生的成长过程，并提高育人的水平。

五、高职院校资助管理体系建设

（一）高等院校资助工作存在的问题

近年来国家不断健全和完善高校学生资助政策，以往制定和颁布的资助政策，主要是给予学生资助、奖金和奖励，而政策的出发点是限于学生的家庭贫困，生活拮据，力图帮扶学生走出生活困境，享受教育公平。然而，在现实中有些家庭经济困难的学生认为，家庭贫困理所当然应该受到资助，从而产生"等靠要，吃补助，高消费"的现象，个别地方忽视了"扶贫育人"功能的发挥。高校学生资助工作应起到感恩教育、励志教育、心理教育等功效，而这些教育对于学生的全面成长、成才至关重要，需要由"授人以鱼"向"授人以渔"转变。

（二）高职院校学生资助管理的原则

高职院校在进行学生资助管理时，方法的不同可能造成结果上的较大差异，但是无论采取什么样的管理方法，都需要共同遵循以下的原则：

1. 公平公正原则

贫困学生资助管理的根本内容和标准是确保公平公正。教育公平作为社会公平在教育领域的延伸和体现，最核心的内容是保证学生受教育的机会是平等的，并且能够享受到公共教育的资源，在教育的过程中享有和其他学生一样的待遇。建立一套完善的学生资助政策体系，从而在制度层面更好地保证家庭困难学生的就学，实现教育的公平和公正。

2. 人文关怀原则

高职院校的贫困学生资助管理基本原则是注重人文的关怀。从经济的角度上说，贫困生属于高职院校学生中的弱势群体，他们的心理状态和思想水平是应该受到关注的。在开展贫困生资助的时候应该从尊重人、理解人和帮助人的角度出发，在资助管理的过程中体现人文关怀的精神。为了更好地对贫困生进行人文关怀，在平时的学习和生活中，就要积极向他们教授思想道德的知识，并加强对社会道德的规范教育，提升学生的主体意识，并培养学生创新的欲望和追求理想的愿望，将外在的要求和社会规范，转化为个人的成长和发展养分，从而提升贫困生的思想道德水平，实现他们的发展愿景。

3. 资助育人原则

加强对贫困生的资助管理目的就是坚持实现资助育人的目标，在这个过程中要将管理、服务和教育进行有机的结合。学校的育人内容中也有资助管理的方面，为了实现资助育人这一重要的目标，必须将学生的个人发展作为资助育人的最终目的。资助育人的紧迫性和必要程度主要是依靠贫困生的实际情况来决定的。如果学生长时期处在经济窘迫的状态下，学生的价值观念、文化体系和行为规范也会出现一定程度的改变，有可能会对学生的发展产生负面的影响。所以，在进行资助管理的过程中，不能够仅仅做好资助的表面工作，满足学生的物质需求，确保学生的受教育机会，还要能够满足学生的个人发展需求，提升学生的总体素质，保证学生走向社会之后，能够实现生活的富足。并要为贫困的学生提供相关资助的服务，帮助学生放下思想上的包袱。

（三）建设发展服务型资助工作体系

1.发展服务型资助的概念

发展服务型资助是指随着经济社会的发展，学校遵循教育发展规律和学生成长成才规律，为家庭经济困难的学生提供生活和学习上的帮助，并通过人力物力支持、科研指导、实践活动、项目扶持、资金帮扶等多种方式，使学生不仅仅摆脱家庭的贫困和经济上的困难，还能够提升学生思想水平，提高学生的个人能力，完善学生的人格，促进个人的健康发展。

发展服务型资助的本质在于助人、育人，以及促进学生的全面发展，要尊重学生的人格，关心学生的生活，帮助学生学习和为学生提供情绪上的管理，让学生向更优秀的水平发展。同时，发展型资助要坚持"授人以鱼"与"授人以渔"相结合的理念，发展型资助通过"授人以鱼"（如国家奖学金、学费减免、勤工助学金、临时困难补助、国家助学贷款、国家助学金、社会资助等）的方式解决贫困生的"经济困难"问题（缺失性需要），同时通过"授人以渔"（如心理健康教育、社会实践、就业创业、技能培训、素质培养、能力提升等）多种方式帮助家庭经济困难的学生实现更好地成长，并摆脱贫困生活，努力将其培养成心理健康、积极进取、能力过硬、心怀感恩、实现自身价值的有用人才，从而为学生的全面成长、成才提供必要的保障。

2.高职院校发展服务型资助工作体系的构建

高职院校开展服务型资助工作坚持以生为本，其本质是在帮助解决家庭经济困难学生求学基本物资需求的基础上，做好助人和育人工作，促进学生的全面发展，支持和鼓励学生成长、成才。发展服务型资助的基本要求是在解决贫困生经济和生活上困难的同时，重视对学生的能力培养、素质提升、心理教育和感恩教育，实施创业创新帮扶工作，满足学生不同发展阶段的不同需求。为了实现资助贫困生的目标，结合高职院校过去的经验，开展服务型资助工作体系的有益探索与尝试，具体措施如下：

第一，坚持以生为本的资助理念，切实将发展服务型资助工作纳入高校育人体系。发展服务型资助工作体系作为高校教育教学工作的重要组成部分，不能脱离学校工作。在开展高职院校贫困生的资助工作时应该坚持以人为本的资助理念，把学生的发展与成长放在首位，从家庭经济困难学生的基本生活需求入手，着力构建和解决学生的多层次需求。发展服务型资助工作体系应是高职院校育人工作的一部分，要服务于学生的利益，服务于学校的整体发展，并将学生资助工作纳入育人工作体系中，推动服务型资助工作长期性、全面性、协调性发展，促进资助工作科学化、规范化。

第二，完善三个机制，切实做好保障型资助的基础工作。保障型资助是资助工作的起点和初始阶段，是资助工作的基础和保障，是做好学生资助工作的基本要求，是发展服务型资助体系的重要内容之一。发展服务型资助包含保障型资助，其是资助工作的发展和高级阶段，是对保障型资助的扬弃和发展，是对保障型资助的完善和改进。

第三，开展五项教育活动，保证发展服务型资助工作的实际效率。

和以往资助模式不同的是，发展服务型资助工作体系是从学生的实际需要出发，从学生的生活需求和个人保障等内容入手，将资助的过程和培养人才的目标紧密结合在一起，不仅让家庭贫困的学生摆脱物质上的贫困，还要实现精神上的富足。发展服务型资助工作比较重视学生在整个学习阶段中出现的不同需求，并根据发生的变化为学生进行针对性的指导和说明，帮助贫困生进行个人发展上的提高，将"授人以鱼"和"授人以渔"紧密地结合在一起。发展服务型资助工作的目的是在资助的过程中实现育人的任务，并且在成长的过程中实现个人的提升，所以大学生思想政治教育也在发展服务型资助工作中发挥了重要的作用，因为大学生思想政治教育能够提升发展服务型资助工作的实际成效，将资助和育人的过程结合起来。以大学生思想政治教育为指导，开展五种教育实践活动，提升发展服务型资助工作的实际效果。

一是开展心理健康的教育。为了更好地解决贫困生的问题，首先就要对他们存在的心理问题进行分析。经济上的问题也能够反映到学生的心理上去，从而影响学生的学习和生活。发展服务型资助工作要重视对家庭经济困难学生的心理健康教育，把帮助贫困生解决心理问题与解决经济问题看作是同等重要的，不仅要满足学生物质上的需要，更要解决学生心理上的问题。在发展服务型资助工作过程中可以对学生的情感和感受进行分析，让学生在接受资助的过程中自尊心不会受到影响。

二是开展励志教育。发展服务型资助在做好家庭经济困难学生经济方面资助的同时，更要重视家庭经济困难学生的励志教育，通过开展励志教育，帮助家庭经济困难学生树立自信、自立、自强意识，帮助家庭经济困难学生克服"等、要、靠"的思想，使发展服务型资助工作内容变为一种能够提升个人发展的良性发展模式。

三是开展感恩教育。感恩是一个人的良好品质，中国人民一直以来都非常注重感恩的教育内容。发展服务型资助工作体系也较为重视对学生感恩教育的培养，通过各种类型的教育活动，能够让学生学会感恩，懂得回报社会，懂得帮助他人。

四是开展诚信教育。在服务型资助工作中开展诚信教育，让家庭经济困难的学生养成良好的诚信品质。诚信是一个人的重要品质，人如果失去了信用，那他在社会中就无法生存下去。首先，要帮助接受贷款的学生了解国家的助学政策，并向学生说明如果出现违约还贷的严重后果，另外一定要按照承诺进行贷款，并以合法公民的标准要求学生的行为。其次，要根据高校自己的实际情况，进行不同形式的诚信教育，帮助学生提升对诚信的认识。

五是对家庭经济状况较为困难的学生提供素质培养的课程和计划。在经济状况出现问题的条件下，高校的贫困生可能在一些能力和素质上存在不足。比如说，一些家庭经济困难的学生计算机的操作能力不足，这是因为他们之前很少接触计算机，所以和普通家庭的学生存在着使用能力上的差异，另外，有的贫困生英语水平较低，有的贫困生业余爱好不够广泛，参加活动的兴趣不高。等到家庭经济困难的学生进入大学校园后，因为各种条件的限制和约束，他们往往没有时间培养自己的兴趣，发展自己的能力。发展服务型资助工作的重点就是对学生的个人发展素质进行培养和提升，让资助的工作从一开始的"输血式"向"造血式"发展，另外，在对家庭经济困难学生进行综合素质培养的过程中，可以提升贫困生的综合能力，促进贫困生实现自我发展。

第三节 高职院校学生学习指导体系构建

一、高职院校学生学习指导体系构建背景

（一）高职学生学习指导体系构建的目标

所谓学习指导，就是教师使用一定的学习研究理论对学生的学习实践进行指

导，并努力解决在学习过程中出现的各种问题，也就是培养学生的学习能力，改进学生的学习方法，培养学习的兴趣及正确的学习态度。在教学实践中，大学生学习指导体系的构建可以整合各种教育资源以形成完整体系，解决学生在实际学习过程中出现的问题，提升学生的学习质量和学习能力。体系化的学习指导从宏观的视角、严密的结构、全方位的举措出发，不仅要帮助学生掌握学习的技术，教师还要研究怎样能够提升学习的方法，研究教与学如何有效地契合，并达到最佳学习效果。

学习指导的根本目的是指导学生学会学习。德莱顿和沃斯在《学习的革命》中提出："全世界都在争论着这样一个问题：学校应该教什么？在我们看来，最重要的应当是两个科目：学习怎样学习和怎样思考。"[1] 他们认为学习的方法比学习的内容更加重要，在学校的学习过程中不仅仅要学习具体的书本知识和技术，而是要学习怎样领悟其中的奥秘。大学的学习是学会学习的学习，是学会做人的学习，它同中学的教育是完全不同的两种模式。在大学里，学生要主动地进行知识的探索，要懂得如何去面对离开父母后的独立生活，更要懂得如何去辨别真伪，批判地吸收新的文化。尤其是对于高职学生而言，在大学里，除了学好专业知识外，还要练就一套过硬的技能，养成良好的职业素养，才能满足社会对职业人才的需求。构建高职学生学习指导是"学为主体"与"教为主导"实现统一的体现，也是促进教与学互动、推动教学改革的有效途径。因此，教学的重点要从单纯地传授知识转变为注重学习能力的培养，应该把提高学生的学习能力作为高等教育的重要目标，把教学转化成一种引导、支持、帮助学生学会学习的活动。

（二）高职学生学习指导体系构建的现状

从现有的研究来看，学习指导学科理论体系构建的研究多集中在中小学教育和大学生学习指导两个方面，在学生学习指导的实践过程中，外国的一些大学在指导过程中，已经形成一种比较标准的制度和体系。国内很多大学在学习指导方面也已有一定的探索和实践，主要体现在以下三个方面：一是开设学习指导课程，通过授课的方式对学生进行学习观、学习方法和学习策略的指导；二是建立专门的学习指导机构，组织负责开设大学生学习指导系列课程，协调各种关系，开展

---

[1]　珍妮特·沃斯，戈登·德莱顿. 学习的革命 通向 21 世纪的个人护照 修订版 [M]. 顾瑞荣，译. 上海：上海三联书店，1998：73.

与学习指导相关的活动；三是把学习指导渗透到教育教学与学生管理的各个环节之中，有的学校在入学教育的过程中就开始了指导教育，还有的学校将学习指导和专业导论结合在一起，并邀请学科带头人开展学习方面的指导。但是，这些做法多是一些尝试与探索，我国的大学生学习指导制度和体系的形成还需要一定的时间和过程，而且对于有别于普通本科教育的高等职业教育的学习指导研究几乎还处于空白状态。

二、高职院校学习型学生工作队伍建设

（一）学习型社会理念提出的背景

到了现代社会，科技的进步、信息的发展和经济的全球化等一系列变革正在深刻地改变着我们的社会面貌，并对个人和组织产生了深刻的影响，不仅促进了个人的学习进步，而且还成为了经济社会发展的必然条件，并且能够促进个人的发展。学习型的社会就是为了满足社会发展的需要和个人的发展需求。

第一，信息技术的进步推动了社会的发展。随着信息技术的不断进步，社会生活中信息化的水平也得到了提升。在现代社会中，人们经常使用"信息爆炸"一词来形容知识的变化和更新速度之快。面对知识的爆炸式增长，人们必须在众多的知识信息中找到自己需要的内容，提升个人的发展能力。人们如果不能够根据时代的发展调整自己的学习方式和学习结构，就可能成为信息时代中的新型文盲，为了应对这种文盲的现象，我们应该养成终身学习的习惯。为了不断适应信息的快速发展，人们也应该坚持学习，这样才能对自己过去的知识进行丰富和更新，只有掌握了最前沿的知识，创造新的学说和知识才能够成为可能，才能够跟上现代社会的进步，所以，为了适应现代社会的生活，人们必须坚持学习。

第二，学习要符合知识经济发展的需求。按照过去的说法，对适应社会需要的学习年龄有这样的规定：在农耕社会中，人们要求个体要接受教育到14岁，放到现代社会来看大概是初中的学习水平；到了工业化的社会，人们在22岁之前要一直接受教育，大概就是大学毕业的水平；而到了如今的知识经济时代，学习年龄应该是没有限制的，人们应该学会终身学习，学习的行为应该成为贯穿人们一生的内容和活动。知识经济的时代已经到来了，人类财富的主要来源就是具

有创新水平的知识和信息。根据学者们的研究和统计，现代社会的经济增长大部分靠的是知识增长和科技的进步，也就是人的创新发展和创造力的发挥。在未来的社会中，知识也就等同于财富，在知识经济的时代，资本会逐渐被"知本"所替代，"知本"将成为推动经济增长的重要增长极。因此我们可以说，获取知识的唯一方法就是不断地学习，但是只有将学习的内容融入进日常生活的过程中，才能够真正适应知识经济社会的发展。

第三，人们的核心竞争力逐渐变为学习力。在现代社会的激烈竞争中，不管是个人或者是组织的竞争，还是国家和地区之间的竞争，最重要的就是核心的竞争力因素。而提高核心竞争力最主要的方式就是提高自己的学习能力。激烈的竞争环境告诉我们，在一个快速发展的社会中，最重要的就是做出最及时和最全面的应变反应。

第四，学习成了一种生活的价值观念和生活方式。对于大多数人来说，学习的过程也是一个自我提升的过程，在竞争激烈的现代社会，人们为了实现就业、为了生存下去，必须提升自己的就业和竞争优势。但是人的生活不仅仅是为了生存、为了工作，而是为了实现自己的价值，所以学习不仅仅可以成为满足人们生存的手段，还可以实现自我的价值。

（二）学习型社会理念的内涵与特征

1. 学习型社会理念的内涵

科技的进步、信息的发展和经济的全球化等一系列变革促进了学习型社会的产生和发展，在信息化的社会环境中，科学技术水平不断提升，社会对知识和信息的要求也在不断增长，这使知识的增长呈现出爆炸式的特征，创新速度的加快，对人才素质和水平也提出了更高的要求，人才的水平决定了社会的发展前景，学习不仅仅成为了提升个人能力的重要内容，而且还可以提升组织和社会的发展水平。

虽然在传统的社会中也需要发挥学习作用，但是知识经济的出现，让社会更加重视学习的方法和水平，而且社会中的每个人都要应对新知识和新环境的挑战。学习型社会的定义就是提升学习覆盖范围的广度和宽度。学习型的组织是学习型社会的基本组成，学习型的社会对学习意识和学习的行为提出了具体的要求，要求人们具有普遍的学习意识和社会化的学习行为，其中包括的内容也十分丰富，有学习型政府、学习型政党、、学习型城市、学习型社区、学习型家庭和学习型公民等内容。个人和组织的学习行为应该持续下去，这样才能够建设成学习型的社会，个人要坚持终身的学习和受教育习惯，企业应该不断吸收新的知识和内容，国家应该不断提升整个国家的创新意识和创新能力，而学习型组织的创建就可以帮助我们实现持久学习的目的。

2. 学习型社会理念的特征

（1）国民教育体系和终身教育体系是学习型社会的基础

国民教育体系是建设学习型社会的最基础的内容，国民教育体系要能够为所有的国民提供参与生产和生活的基本能力，并将重点放到了国民整体素质的提高上。终身教育体系是以国民教育体系为基础的，它有如下的几个特点：一是教育体系的开放水平，也就是提高向社会开放的程度；二是教育体系之间的联系应该是比较紧密的，终身学习的教育网络应该是比较完善的，最终明确不同教育等级之间的联系和衔接；三是教育体系内部的教育形式和教育类型之间应该存在一定融合性，比如，科学教育和人文教育、职业教育和普通教育之间相互发展和相互协调的关系，终身教育和终身学习的内容存在一定的差异，但是它们的本质又是一致的，终身教育的内容更加侧重于国家和社会给予公民的教育机会和教育的内容，并为公民的学习提供机会。

（2）多层次、多类型的学习型组织是学习型社会的载体

学习的过程会存在三个阶段，第一是个人的学习，第二是组织学习，第三是学习型的组织。从个人学习的角度出发，一般就是指三种学习的类型，分别是情感学习、技能学习和认知学习。到了组织学习的阶段，学习的主体就成为了组织。组织是社会的基本单元，学习型的社会也对组织提出了一定的要求，要求组织必须一直处于学习的状态，在创新之前保证学习的开展，并将学习作为社会发展的重要动力。学习型的组织也是一种现代社会比较先进的学习理念和学习管理模式，这一组织说明了知识经济时代对组织管理模式的要求。学习型组织已经从传统的读书求知目的中脱离出来，要求学生在实践的过程中形成各种个人的能力，并培养学生的责任感和敬业精神，同时形成合格公民要求的诚实自信、遵守社会公德的个性品格。学习型社会形成的基础就是发展学习型的组织，学习型社会的实现

也不是一蹴而就的。在发展学习型社会的过程中，最重要的就是提升思想境界和传递现实的过渡。

（3）实现社会进步和人的全面发展是学习型社会的目的

马克思主义中提出了关于建设社会主义的本质要求，其中之一就是促进人的全面发展。学习型社会发展的重点是人的全面发展和社会的不断发展。为了实现中国社会的可持续发展，必须建设好学习型的社会。建设学习型社会的目的是实现全面小康的目标，提高公民的个人素质，实现人们自我发展、自我完善的根本需要，促进人们的价值得到实现。人的全面发展共有两层含义，第一是实现人本身的发展，其中包括对人全面素质的发展和物质文化需求的发展；第二是作为一种使用手段，帮助人从社会生活中获得发展的营养，不仅可以提升自己的素质，也能够实现社会发展的目标。为了实现个人全面发展的目标，人们要加强自身的学习能力。

（三）学习型社会的职业教育体系功能

虽然我国已经在学习型社会的建设上获得了很大的进步，但是和学习型社会相适应的职业教育体系还需要进一步地构建，要培养出能够满足社会发展所需要的新时代高素质人才，以及专业技术上的人才，构建其终身学习的体系，为了实现职业教育体系的功能，我们应该从以下四个方面入手：

第一，打造提升学历和提升就业水平的双重通道。职业教育的主要目标就是培养出实用型的人才，并且应该同时实现对学历的提升和就业成果的提升。在职业教育体系中，应该包含各种层次和类型的内容，在实现学历提升的目标后，还应该对一个人的实际工作经验和具体技能进行有益提升，另外还可以提升就业和再就业的相关能力。职业教育起到的作用不是为高等教育做知识上的铺垫，而是不断提升自己的实用能力和成长能力，实现平台式的发展。

第二，建立职业教育和社会要求相协调的横向补给通道。职业教育的内容主要是对实用性技术的学习和实践，职业教育的发展必须以社会的需求为根本导向。职业教育人才的培养应该以国家的服务和社会的发展为目的，并使用校企合作、产教融合的方式，实现"订单式"的人才培养模式，并且能够根据自己的实际需求调整培养的计划，缩短培养的时间，调整实际的办法，让接受职业教育的人才能够快速掌握实际的技能，让职业教育满足社会的需求，发挥储备人才的作用。

第三，实现常规教育和应急岗位的引流通道。在培养实用型人才的过程中，不仅要培养长期学习的专业学习者，还要培养具有速成技能能力的应急岗位学习者，首先，在培养阶段结束后，不仅能够提升实用技能，还能够让技能者具备更加完善的专业知识体系，更深入地了解专业的内容，从而提出改进和优化工作的方法。其次，在短期培训的过程中，可以让技能者最快地满足上岗的需求，做好风险环境下的人员引流和应急服务工作。

第四，打造高端技术和职业教育的提升通道。在职业教育中培养的实用型人才在专业的岗位上，可以通过较为系统的学习训练，形成自己独特的宝贵经验，从而突破传统职业教育中存在的各种问题，实现高端技术的提升，在国家不断加大科研经费的前提下，从技术发展的难题中出发，为一些关键问题提供更多可能性，为学习型社会的人才培养和发展提供空间。

（四）建设学习型学生工作队伍的策略

第一，建立起终身学习的理念，提高自身专业知识水平。学生工作的岗位要从学生工作的角度出发，不断从学生的工作中收集发展灵感，提升工作的理念、知识和信息等内容，在这之外，学习也应该成为一种思想上的追求和境界，成为学生的一部分责任。人不应该因为取得一些成绩而沾沾自喜，尤其是学生更应该坚持学习和提升，不断更新知识，时刻保持与信息联通，发展新的知识内容，实现从拥有学历向拥有能力的转变，在此过程中不断提升学生工作队伍整体素质与实际工作能力。

第二，从实际的情况中不断改进学生工作队伍的培训方法，提升学习的效果。如果教育的对象是不同的群体，就应该按照特点进行有针对性的教学，才能够提升培训的实际效果并且提供专业性的保证。同时，高职院校应使用多种形式的培训方法，提升培训工作的实际效率。培训学习的内容与形式可以结合高职院校的特殊情况开展，也可以结合当前学生工作特点进行。因此，需要对传统、比较单一的学习方法进行改变，并从提升和完善主题教育、报告和讲座等内容开始，增加与行业间的沟通交流。例如，针对刚刚入职的年轻辅导员开展的岗前培训，对于工作经验比较丰富的学生工作者开展的体验式培训。因培训的层次群体不同，也会相应地导致培训的内容与形式的改变。

第三，努力促进团队中共同学习的氛围，实现积极的学习机制。在学习的过程中，应该建设起团队合作学习的精神，并且设置好合作的单位级别，不断发展合作的意识，并通过知识的提升和学习模式的改进，更新学生工作的观念，设计好团队的目标，提升学生工作队伍的实际效率，从个人学习的形式向团队的学习模式转变。学习型学生工作团队主要有：由学院学生工作组成的横向团队；由各系辅导员、班主任按年级划分组成的纵向团队；专家与学院学工教育团队组成的综合团队。要发挥不同团队间的融合作用，形成一种人人热爱学习、人人争学习、人人比学习的氛围。

第四，建立长效学生工作队伍的学习体系。高职院校要建立一套较为完善的学习组织领导体系，并根据高职院校的实际工作情况，制订学习和工作的方案，制定学生工作队伍相关学习规章与制度。同时，各高职院校以及学校内部应确立广泛的学习交流机制，为学习型学生工作队伍建设提供一个平台，努力为学生工作队伍创造学习的环境，帮助学工干部在学习的氛围中不断提升自己。此外，高职院校需要建立一套比较完善的学习考核激励机制。高职院校应该将学生工作人员的学习成果作为一项考核的指标，并且将学习和培训的内容纳入奖惩机制，用激励的方式提升学习者的主动性和积极性；切实让学习型学工队伍建设理念深入每一位学工人员心中，并通过外在与内在的约束机制与保障机制共同推进学习型学生工作队伍的建设。

第五，努力拓宽学生工作队伍职业发展空间。学生工作队伍的职业发展规划是一个至关重要的问题，它关系到学生工作队伍的持续发展，也是学习型学生工作建设不可回避的现实问题。高职院校应注重解决学生工作队伍中经常出现的职业长远规划问题，并进行系统的计划和长久的考虑，提升对骨干学生工作者的培训力度，并为优秀的学生工作者提供深造的学习平台，如果有条件，努力提升自己的学历；在学生工作的环境中，加强轮岗的锻炼，经常转换在不同的岗位和部门中锻炼自己，鼓励学生工作者到不同的院校和机构中锻炼自己，学校在这个过程中，也要注重为学生工作者提供工作的平台，提升学生工作者的素质和能力。

第六，对学生工作队伍的培养和选拔制度进行研究。高职院校应通过科学合理的计划，在学生工作者队伍中选择具有复合型能力的人才，要尽量选取具有多学科背景的综合人才。同时，高职院校应计划好队伍建设的长期发展方案，努力提升学生工作队伍的学科结构、职称结构、年龄结构等内容，最终的目标是实现高职院校学生工作队伍的持续健康发展。以职业化和专业化的发展为指导，努力鼓励和引导学生工作队伍参加工作方面的培训，目的是提升为学生服务的水平，不断提升学生工作的能力和育人水平，不断将学生工作队伍的培养考核与高职院校的发展紧密结合，以高职院校发展的机遇为学生工作队伍指引前进方向。

三、高职院校辅导员学习指导建设

（一）高职院校辅导员的角色定位

1.思想教育工作者

在开展大学生思想政治教育的过程中，辅导员发挥着重要的作用。高职院校应该把学生的思想政治教育工作放在所有学生工作的首位，辅导员也应该重视思想政治教育工作。辅导员是学生思想政治教育工作的引领者和指导者，是开展思想政治教育工作的导师。辅导员在日常的教育工作中，应该坚持传播正能量，帮助学生树立积极正面的三观，在教育的过程中使用科学的思想理论。在进行学生管理工作的过程中，辅导员应该利用好学生班委会、党组织和团组织的作用，在宣传班级的过程中，引领学生的思想发展；积极开展多种形式的主题教育活动，不断丰富集体活动的形式；并树立起学生中的模范，发挥典型作用，有助于建立学生的价值观；要发挥好共青团的作用，培养优秀的共青团员，帮助党做好推优工作。辅导员要知道自己肩负的责任是非常重大的，应该为思想政治教育工作不断努力。

2.日常事务的管理和服务者

辅导员是学生的管理者，负责学生的日常事务管理，并为学生服务，但是辅导员不应该成为学生生活上的保姆，也不应该成为学生的"救火队员"，辅导员应该不断引导学生进行有序地学习和生活，成为学生和学校沟通的良好桥梁。辅导员要为学生的合理需求提供一定程度上的帮助，并使用多种媒介将有效的信息传递给学生，让学生能够顺利地解决生活中存在的各种问题。辅导员管理的学生已经是"00后"了，他们的思维敏捷、爱好众多，学生具有较强的自我管理意识，但是有时也会存在合作意识和团队意识比较淡薄的现象，这些问题对辅导员来说，是一个巨大的挑战。辅导员必须从学生的思想动态和状态中及时发现问题，并及时向学校反馈。

3. 心理、就业指导者

辅导员也担当了大学生心理健康导师的责任。在学生的生活和学习过程中，发挥最重要作用的还是辅导员，学生在遇到问题之后，应该及时向辅导员寻求帮助，辅导员应该使用多种方法和学生进行沟通，如果学生出现较为严重的心理压力，应该积极寻找合适的方法进行疏导，转变学生的心情，并提高学生抗压力的能力，以及提升学生的心理素质，帮助学生形成健康向上的人格。另外，近几年的就业形势变得更加严峻，每年的毕业人数还在不断上升。怎样让学生提升就业能力，成为辅导员的一项重要任务。

（二）高职院校辅导员学生学习指导策略

第一，因地制宜，制定科学合理的学习指导制度。科学的制度是提升学习质量的前提条件，各高校的学习指导制度是学习指导工作开展的前提和保障。不同学校应该利用自身的优势，将学校的实际情况结合起来，建立起适合本校发展情况的学习指导制度，满足学生的实际学习需求，提升学生的个人素质水平。在制定学习指导制度时，应该以操作性和针对性的发展为保障，全面指导学生的学习。从学校的角度出发，应该提升辅导员在学生工作中发挥的重要作用，结合学校和学生的实际情况，进行全面地研究，对学生的兴趣爱好和学习动机进行分析，从培养学生素质和能力的角度出发，改变过去传统的单一指导方式，比如，过去开展的指导往往是集体和在组织中的指导，没有对学生的个性和性格进行具体的分析，缺乏针对性。学校要从学生的专业知识、需求层次和能力层次出发，对学生开展具有较强针对性的指导。学校要根据高职学生的特点和能力差异，开展针对性较强的学习指导，从而为学生提供最有效的帮助。

第二，提高认识，高度重视学习指导。辅导员在对学生进行学习指导的同时，还能够为学生提供心理上的帮助，帮助他们更好地适应高职校园的生活，更好更快地接受高职的教学模式，适应学校的氛围和环境，在学习的过程中，能够进行创新的实践和探索，为个人的发展提供专业上的指导和建议，可以帮助学生更快地成长和成才。所以，首先就要从思想的高度重视学习指导的工作，并提高对学习指导工作的认识，参与学习指导的多种活动。辅导员要从教学的角度出发，整理好学习的内容，在学生学习的态度、学习目的意义、学习动机、学习情绪和学习心理的调控、学习效能感的确立、学习方法的指导、学习纪律、学习氛围和学习环境创建等方面进行指导和帮助，辅导员还要帮助学生提高对学习的认识。

第三，明确主体，提高学习指导的针对性。高校的辅导员在开展学习指导时，要明确自己的工作对象和主体是高职的学生，并以学生为主体和中心。因为高职学生的群体具有多元化和特殊性，所以，不同层次的学生具有不同的学习特点，辅导员要关注学生需求，根据不同类型的学生，使用不同的指导方法。辅导员应该改变自己的工作方式，不能用学生管理和班级管理替代学习指导，造成指导方法单一、学习指导的效果不佳。所以，高校在对学生进行学习指导的过程中，要将学生的学习需要和学习动机结合起来，同时结合人才培养计划和教育理论设计出更加科学的学习指导方案，以提高学习指导的针对性。

第四，以人为本，开展行之有效的学习指导。科学发展观的核心是以人为本，就是要从学生的实际情况出发，尊重学生的特点和不同，充分发挥学生的主观能动性，实现学生的全面发展和成长，满足学生的学习需求，促进学生在价值观方面的学习。辅导员在开展工作时，应该注意以下几个方面：明确学习指导工作的目标，提升学生学习的积极性，达到自主学习的目的，帮助学生培养终身学习的习惯。在学习指导的过程中，应该尊重学生的个性，辅导员应该从学生的个体差异出发，进一步安排相关的工作，建立起平等的师生关系。引导学生开展学习的活动，并将学生的学习活动放在最重要的位置，按照学生的个性和特点引导学生的学习，积极做到使学生愿学、善学、勤学、乐学。要将学生群体的差异和个体的差异结合起来，重视学生的意见和建议，将多种指导方式结合在一起，从而更好地提高学生学习的能力。

（三）高职辅导员学生学习指导实施路径

第一，加强理想信念教育，树立全面发展理念。辅导员的第一职责就是对学生开展思想政治教育，因为思想是行动的指南，因此，要坚持立德树人的根本任务，以思想政治教育为主线，让学生了解学习的目的和意义，并在思想上接受学习知识，了解学习内容，端正学习态度，规范学习方法，满足学习理想。这样才能为学习活动提供基础。高职学生只有接受学习指导才能够为他们的学习提供便利。

第二，加强职业素养教育，培养学习行为习惯。职业素养分为两种，即隐性素养和显性素养。隐性素养是指那些职业态度、职业情感情操、职业道德等需要长期培养的素养，这些素养能够帮助学生提升职业发展；显性素养主要指职业技巧、能力等外在的素养，强化的训练是提高的方法，因此，在学生的职业发展中起到很大的作用。高职学生具有实际操作水平高，但团队合作意识不足的特点，这就要求辅导员在进行学习指导工作时，要格外注重对学生隐性素养的提升，培养学生较好的学习习惯。职业素养能够影响高职学生未来的成功就业和职业发展的发展方向，所以辅导员在日常的工作中就要重视职业素质的教育，并与专业教学结合在一起，在教学的过程中始终以工作的水平要求学生，开展职业素质教育，培养高职学生树立起自己的职业理想，遵守职业方面的道德准则，并经常开展职业技能训练，在学习过程中，使用职场的标准要求自己的行为，不能随意请假和迟到，不随意旷课，学习之前做好规划，培养良好的学习习惯，培养自己的职场和工作意识。因此，辅导员在进行高职学生学习指导工作时，要坚持培养学生的职业素养，既要传授给学生专业的理论知识，提升专业技能水平，还要培养学生健全的人格，也可以使用学习兴趣小组的朋辈辅导方式，让专业技能水平较高的同学担任技能学习小组的组长，带动技能较差的同学，一对一培训学生，促进学生更好地学习技能，落实好高职学生职业素养养成教育。

第三，通过校园建设和管理营造学习氛围。在培养人才之前，先要建设生活和学习环境，辅导员要积极创造出条件，为高职学生服务。通过学校校园的建筑、历史文化的宣传，营造良好的学习氛围；通过校园宣传栏、标语、横幅等，增强学生学习的热情；通过打造宿舍文化，为学生营造良好的学习环境，还可以开展文明宿舍评比、学霸宿舍评比、宿舍布置评比等活动，让宿舍成员形成你追我赶的良好竞争氛围，充分挖掘学生的智慧和创意，在园区建设中提升学生的能力，发挥园区建设的文化育人功能。辅导员要和学校的其他部门进行协调合作，汇聚多方力量，为学生的学习提供更好的环境条件，增强学生对学校的责任感，以学校为荣，从而提升学生的学习动力。

第四，通过咨询服务指导学生学习。从学生的个人发展出发，为学生提供学习指导咨询服务工作，创新学习指导咨询服务工作的内容是学习指导咨询服务工作改革的根本目的。辅导员在平时的管理中，要强化对学生的引导，提高学生和教师的凝聚力，建设好的学习氛围，提高学生的学习积极性，帮助学生形成正确的三观和学习观。

第五，严抓班风学风建设，树立班级学习目标，发挥朋辈学习指导的影响，成立学习互助小组，让成绩较好的学生帮助成绩较差的学生，使得学习较好的学生和学习较差的学生都能够获得激励，并制定学习的规则和机制，利用多种形式的活动、考试营造良好的竞争氛围。积极向上的学习心理是学习取得进步的关键因素，首先，辅导员要充分掌握高职学生现有的心理健康状况，建立学生心理健康档案；其次，辅导员要利用班团干部尤其是班级心理委员的作用，及时发现学生在学习上的心理问题，以便辅导员第一时间进行介入辅导，对存在心理疾病的同学，辅导员要及时和心理中心的专家老师取得联系，帮助学生解决心理困惑，缓解心理压力；最后，辅导员要经常深入学生课堂、宿舍，给予学生关怀，通过主题班会、大学生心理素质拓展训练、邀请心理专家开展心理健康讲座、鼓励学生参加校园文化活动、观看心理健康视频等多种渠道，让学生能敞开心扉，积极乐观面对学习困难，做好学生的心理疏导和抵抗挫折能力教育，增强学习的自信心，正视挫折，直面困难，勇于挑战。辅导员要以学生为本，一切以学生为中心，及时关注学生心理变化，发现问题及时疏导解决，激发学生学习自信心，帮助学生肯定自我，超越自我，创造自我。辅导员还要经常指导学生认识自我，调整学习目标和节奏，找到适合自己的学习状态。

第三章　高职院校学生教育工作的理论与实践

开展学生教育工作，既需要借鉴先进的教育指导理念，又需要将教育指导理念与教育工作实践相结合。本章为高职院校学生教育工作的理论与实践，依次介绍了高职院校学生教育工作理念、高职院校学生安全意识教育工作、高职院校学生职业规划教育工作、高职院校学生心理健康教育工作四个方面的内容。

第一节　高职院校学生教育工作指导理念

一、陶行知职业教育指导理念研究

（一）"社会即学校"理论及其价值

1.提出原因

陶行知提出"社会即学校"的原因主要有四个方面：一是学校只是社会的很小一部分，要让学生了解完整的社会情况，仅仅依靠学校自身是明显不够的。二是每个学生所处的家庭和社区环境各有不同，不能让学校教育割裂了家庭和社会教育。三是学生观看社会有自己的角度和观点，必须让其融入真实、具体的社会之中，他才能顺其自然地学习成长，在学校里，教师不能用成人的体验和看法来强行注入学生的思想和行为观念之中。四是只有将社会作为学校，才能够将社会的方方面面展现在学生面前，才能增强他们的分辨能力，并让他们根据自己的喜好自由选择所需要的学习内容。

"社会即学校"的观点，不仅正确地认识到了社会的教育功能，也就是说社会能够培养人、教育人；还表明学校具有能动作用，也就是说学校教育能够改造社会，促进社会发展，这主要是因为学校能够培养社会所需的优秀人才，学校教育中包含科研的内容有助于促进技术进步，而人才和科技恰恰是社会和文明发展的重要驱动力。学校在教育中若是排斥社会因素的影响，完全与之隔离，也就不能够再对学生进行改造，也无法再服务社会、满足社会需求。学校办学应当积极联系社会，发挥其服务社会、改造社会、促进社会发展的作用，推动教育社会一体化进程，扩大群众基础，增强民众综合素质，促使人们全面发展和实现自我价值，同时投身于社会建设。学校要传授知识、培养人才，也应当成为改造社会的中心，发挥教育的社会价值。

2. 现实价值

（1）校企合作

"社会即学校"体现了职业教育开放性的要求。学校离不开社会，因此学校必须与社会紧密联系。对于现代职业教育来说，校企合作即是职业院校发展的必由之路。学校不能关起门来办教育，要有开放的胸襟，要向社会学习。教育必须关注社会的需求，并要想方设法满足个人及社会的需求。职业教育要关心企业的人才需求、技术需求、信息需求，通过人才培养、科学研究和社会服务来满足这些需求。校企合作包括四个方面，分别是将合作发展当作动力、将合作育人当作模式、将合作办学当作机制、将合作就业当作目标。将合作发展当作动力，是指校企合作就应当坚持合作互利、互惠共赢、共同发展；将合作育人当作模式，是指校企合作共同开发人才培养模式和人才培养方案，共同开发教学条件、教学资源，共同设计教学模式和实训形式，共同提供师资；将合作办学作为机制，比如校企合作理事会，其有助于完善校企合作的机制，有助于引入和利用社会资源来为学校教育提供帮助，促使学校教育能够培养出社会急需的人才，解决社会中的问题；将合作就业当作目标，是指职业教育首先要解决就业问题，要让学生学以致用，所以校企合作应该为学生就业提供机会和平台。

（2）工学结合

"社会即学校"强调了职业教育的实践性。学校是向生活开放的学校，是必须教给学生生活能力的学校，不能让学生脱离生活而学习。因此，要培养学生的生活能力，使学生具有改造社会的能力。这一点对于今天的职业教育具有重要的指导意义，即必须坚持"工学结合"，学生应该把工作、生活和学习结合起来，在学校学习的过程中，学生应该参加各类见习、专业实习及社会实践锻炼，在实践中感悟，在实践中学习体会。

（3）丰富内容

在陶行知看来，学校教育应当坚持"过什么样的生活，受什么样的教育"。对于教育内容，他认为应当综合考虑社会发展需要什么样的人才以及针对学生个性来对其进行丰富，使之与生活充分结合，也必须坚持教育内容应当以学生和社会两者的实际情况作为基础，并采取多样化的教学手段，才能够促使学生激发学习的积极性和自主性，能够更高效地理解和运用书本上的知识。同时，陶行知还认为"学校生活是社会生活的起点"，因此，教育内容不能只关注知识体系和技能训练，还要将其与社会生活相结合，从而使学生走出学校这座象牙塔之后，也能够顺利适应社会生活。学校是小型社会，社会是大型学校，在学校教育中融合部分实用的社会知识，有助于丰富教学内容，还有助于学生增强自身生活能力，促进其全面发展。

（4）拓展空间

学校只是有计划、有目的、系统性地教育学生的场所，教育还包括家庭教育、学校教育和社会教育，尤其社会教育是前两种教育的延续和补充，是没有固定场所和固定期限的，每个人既是老师，也是学生。在"社会即学校"的理念下，人的一生就是受教育的一生，生活就是最好的大学，教育空间无限拓展。职场、社区、网络媒体等打破传统的、没有一定的教育学习秩序的空间也具备重要的教育功能，此类空间共同构筑了每个人的生活，在它们的教育功用下，学生的生活、学习、娱乐三大时空融合在一起，形成了庞大的教育网络，并将每个人和整个生命历程纳入其中。

（二）"教学做合一"教育理念及其价值

1."教学做合一"的内涵

"教学做合一"在陶行知诸多的教育指导理念中是颇具创造性的。陶行知作为著名的教育家，对职业教育并没有用大量的文字进行探讨，但却为其留下了珍贵的理论支持。

"教学做合一"是中国传统的知行合一理念在教育领域的延伸和发展，是陶行知三大教育思想之一。在陶行知看来，教育不仅包括教师教、学生学，还包括实践，此三者相互融合构成了教育，是你中有我、我中有你的，无法区分开来。教学做合一，就是知行合一，是知识和实践的统一。教育的过程既是教的过程，也是学的过程，两者是统一的。对于职业教育而言更是如此，职业教育具备很强的实操性，通常要在实验车间进行教育，老师在教的时候要用自己的实践作为教材，也可以说是在自己的实践中教，学生则是在学的时候用自己的实践作为作业，也可以说是在自己的实践中学，由此可见，职业教育的教学就是教学做的统一体。因此，教师和学生必须要做到知行结合，将知识应用于实践，并在实践中教和学。

2. 现实价值

"教学做合一"的思想，对于创新高职教育人才培养模式、建立科学的高职教育观、师生观，进行教学方法和手段的改革都具有重要的指导意义。

第一，它体现的是一种知行关系，这就告诉我们，职业教育应教会学生从做的过程中亲身学到相应的知识，而不应该单纯地凭书本、凭老师进行纸上谈兵的教条传输。

第二，现代高职教育应当以培养生产、经营、管理、服务为一线的高素质、技能型人才为目标，教育的目的是让学生能够充分就业。所以应强调知识的应用性、技能的针对性，应通过开展广泛的市场调研设立专业，课程标准应符合职业标准，课程内容和教学要求应与社会需要和企业实际要求尽量一致。

第三，教学内容应与职业工作内容一致。应根据行业企业发展需要和职业岗位（群）所需要的知识、能力、素质要求构建行动导向的课程体系，在分析企业典型工作任务的基础上归纳出行动领域，再参照相关职业资格标准转化为相应的学习领域，从而设计出适合学习性的工作任务进行教学。课程内容应按照学生的认知规律和职业规律进行知识的重构和序化，并随时根据行业的最新发展补充新知识、新技术、新工艺和新材料。

第四，坚持工学结合、校企合作的人才培养改革模式，不断探索以工学交替、任务驱动、项目导向等为行动导向的教学模式，同时采取案例分析、分组讨论、角色扮演、启发引导等教学方法，做到以教师为主导，以学生为主体，不仅要传授学生理论知识，更要传授学生学习方法，教会学生如何学习和独立解决问题。比如，可采取这样的单元教学模式：在进行某专业课的教学时，根据学习情境将教学内容区分成多个单元，按照单元开展教学，在某个单元的教学中，将其所涉及的实际的职位工作内容当成教学的教材，并结合实际的工作环节，设计教学内容和方法。也就是说专业课的单元教学应当形成这样的模式，即学习情景介绍—

理论知识传授—工作内容要求—教师车间实操教学—小组讨论—学生进行实训练习并完成工作内容—教学评价—拓展知识教学—拓展技能教学。

　　第五，"教学做合一"的理论，还提示我们在高职教育中要坚持产学研相结合。要充分发挥学校在人才和科研方面的优势，及企业在产业、经验和竞争中的优势，通过校、企深度合作进行产品的技术研发和订单人才培养，实现在人才培养和技术创新方面的双赢，实现学习与工作零距离、教学与实践零距离、毕业与上岗零过渡。这正是陶行知指出的"做"还应产生"新价值"的意义所在。

二、杜威职业教育指导思想研究

（一）杜威职业教育思想内容

　　课程论是杜威的职业教育思想中的重要内容，也是其实用主义思想的一部分。他认为教学是一个较为复杂的体系，课程在其中起到基础性作用，并且要想提升教学效果，就必须从课程入手，颠覆其传统模式，充分释放其在教学中的价值。在杜威看来，学校在职业教育中的作用是不可替代、不可忽视的，是其主要场所，因此，其课程论同样是以此为基础的。课程论提出，学校课程应当是丰富多彩的、生动的，可以提升学生学习热情的，这样才能够促进课程教学。

　　1.课程内容的综合性

　　关于职业教育，杜威认为社会发展需要各个职业的共同参与，所以其课程教材应当在全面性的基础上强调综合性，以适应社会要求。这就要求其课程要做好培养学生兴趣，开发其学习的潜力，让学生具备较好的逻辑思维和适应能力，这样才能够进一步打破传统教育思想的桎梏。课程教材的内容若要具备综合性，就要将职业教育课程与普通课程的教学内容相结合。当然，所谓的结合并非单纯指学生要分别学习两种课程，而是要在教学中将两者有机结合形成一个完整的、体系化的教学系统。也就是说，要突破单一的实操训练的限制，让职业技能根植于扎实的学科知识和社会常识，这样学生才能更加熟练地掌握和运用职业知识和技能。在杜威之前的、较为主流的教育思想中，将职业教育视为低一级的教育，认为其不配与自由教育相提并论，只有自由教育才能促进人的全面发展。但是杜威并不认同，他认为自由教育和职业教育并不是对立的，加强职业教育课程内容的综合性建设能够弥补其在道德、文化、审美等方面的不足，要将职业学科内容和普通学科内容充分结合，形成较为完善的教学体系和结构，既能培养学生的职业知识和技能，也能促进学生其他方面的发展，培养出创新型、综合型的职业人才。

2.职业教育课程的实施

在杜威看来，职业教育课程想要收获较好的教学效果，应当事先制定条理化的、可落地的方案。杜威认为职业教育课程应当明确其目的，就是培养学生高尚的职业道德操守和正确的社会态度，这样能够让社会中的人改变对职业教育片面的、错误的认识，如很多人觉得职业教育不过是一些能够速成的技能训练，只是为了让学生能够获得一份工作。在实施课程所需要的方案中，他认为最有效且合适的训练方法是"作业"。学生在作业中是占据了主动地位的，是可以从自己的兴趣和发展出发进行选择的。作业具有实践性，并不是传统的知识传授，其是在活动中的教学。"活动作业"具有独特性，并非普通的实操，而是充满生命力的，能够结合实际情况，不断优化活动方法的，并以灵活的方式进行教学。杜威的职业教育课程的实施就在于将知识传授、工程实验、实地操作三者综合起来进行。

（二）杜威职业教育思想的价值

在杜威的观点中，学生接受职业教育不应当是选择最容易赚钱的或者最容易找到工作的专业，而应当是结合自己的爱好和天赋，这样学生才会具有学习的积极性和自主性。他的职业教育思想促进了我国职业教育的发展，给予了很多启发。

首先，职业教育应当是综合性的，与普通教育有机融合。杜威的职业教育思想是从他当时的社会发展状况出发的。他所处的是民主主义社会，是关注个性的发挥，在这种思想下，人们能够根据个人爱好和能力去参与某种工作。所以，职业教育应当是综合性的，其内容能够让学生具备适合某工作要求的能力和知识，而普通教育的内容则是培养学生正确的三观，掌握基础科学社会文化知识从而自由发展个人兴趣和才能，最终培养出符合民主主义社会需求的公民。如今科技飞速发展，知识不断更新，人们需要具备更高的知识和技能才能够获得某工作，传统的学徒制依然落后于社会需求。例如，电的知识、技能不断发展，相关产品不断普及，现在普通人所具备的电和电器的常识，可能是过去电器行业的员工都不知道的，这种常识就是普通教育带来的。与此同时，法律法规和社会道德规范也在不断完善，人们在工作中也不能违反相关的职业道德规范，这部分内容也属于普通教育。因此，职业教育必须与普通教育密切结合。

其次，强调"做中学"，进行间接的职业教育。这是杜威职业教育思想在教育方法上对我们的启示。我国的教育总是偏重理论文化知识的传授，往往忽略了实践能力的教学，即使是更注重实践性的职业教育也没有摆脱这一点。因此，我国的职业教育更强调"做中学"。这能够帮助学生发现其个人兴趣和才能，使之得到充分发展。同时，相比课堂上灌输的知识，对于在"做"中学到的知识，学生记忆得更加牢固，理解得也更加到位，而"做"也有助于提升学生的思维能力，提升其分析资料、解决问题的能力。杜威认为，人在教育中不应当只是积累知识和技能，更重要的是获得增长理智和道德的能力，而这就需要主动作业，通过"做中学"去获得这种能力。间接的职业教育指的是让一切早期的职业预备教育不再专门指向某种职业，而是让学生们从事符合其当前需要和兴趣的主动作业。让学生通过主动作业，发现自己的才能，进而选择自己适合的职业，并接受专门的职业教育。间接的职业教育要尤其重视的一点是，人是不断变化和成长的，其兴趣和才能同样如此，学生在不同时期的兴趣和才能也是不同的，教师不能只根据其一时的爱好和个性，就对其形成思维定式，只关注学生该方面的职业教育，这会导致学生学到的知识技能难以变通。因此，职业教育要为其各时期的兴趣和需要提供教育机会，促进学生多方面的发展和多种能力的培养。

最后，坚持终身学习的理念，杜威职业教育思想包含着终身教育的性质。第一，杜威是从人的教育全程出发进行思考的，他认为的"做中学"不仅是职业教育阶段的方法，是要从小培养的，将主动作业作为幼儿教育的重要方法，这样可以挖掘和开发儿童的各种兴趣和天赋，为其未来的发展和职业生涯打好基础。第二，人的角色是灵活多变的，在不同的环境下和关系下有着不同的职责，因此，应当培养人承担多种职责的能力。为了达到这一点，人应当不断地自主学习、自主教育，所以，职业教育要贯穿于人一生的各个时期。与此同时，社会处于不断的发展、变化当中，知识和技术也在持续更新，为了适应社会，人应当持续学习。杜威反对将职业教育发展为工艺教育，认为这会导致教育危机，其主要原因就在于工艺教育对人的自由发展的限制。而他之所以主张"做中学"，重视主动作业，就是因为这种教育方法有助于学生主动学习和自我教育。他坚持职业教育所培养是学生实际的和执行的指挥，也就是说职业教育的目的不在于让学生获得某工作要求的能力和知识，而是为了培养学生自主学习意识，让学生学会学习，这样学生才不会被社会所抛弃、淘汰。

第二节　高职院校学生安全意识教育工作

一、高职院校学生安全意识教育工作内容

高职院校学生安全问题不仅直接关系到千家万户的幸福，而且直接关系到校园安全和社会稳定。高职院校学生安全教育不仅是高职院校学生思想政治教育和素质教育的重要内容，而且是保障高职院校学生安全、维护校园安全和社会稳定的重要措施。高职院校学生安全教育内容概括起来主要有人身财产安全教育、心理安全教育、网络安全教育和国家安全教育等方面。

（一）人身财产安全意识教育

人身安全主要是指个人的生命、健康等与人的身体直接相关的方面不受到损伤和侵害。高职学生所主要生活的环境是较为单纯和简单的校园环境，但是学生的人身安全也不是万无一失的，有比较常见的伤害，如烫伤、运动损伤，还有一些不常见但是也会发生的伤害，如车祸、抢劫、诈骗等。开展人身财产安全意识教育就是要引导高职学生形成健康的三观和积极乐观的生活态度，保持健康的心理状态；同时，还要加强消防安全、交通安全等常识教育。此外，高职学生还会面临财产安全问题，他们对人的防备心相对较低，应当引导他们具备警惕意识，保管好私人物品，提高他们对传销、诈骗的认识，避免财物损失。增强安全意识，增强鉴别能力，加强与领导、老师、同学之间的沟通，时刻保持一种认真、谨慎的生活态度。

（二）心理安全意识教育

如今社会竞争激烈，每个人都承担着一定的社会压力，高职学生虽然没有进入社会，但是在学习、经济、就业和家庭方面也面临着压力，加之现在的家长对孩子较为宠爱，使得他们在心理上较为敏感和脆弱，社会经历少使得他们待人处

事不够成熟，因此很容易出现心理健康问题。很多调查研究都指出，一些高职学生在心理上存在不良反应和适应障碍，并且人数还在不断增加，这种问题通常表现为情绪上的焦虑、忧郁、暴躁等。所以，学校应当加强心理安全意识教育，帮助学生形成积极阳光的心态。应当开展教育讲座，如人际关系讲座、心理知识讲座、挫折教育讲座，教会学生正确处理人际关系、正确面对挫折和失败、如何适应新环境等。同时，定期开展心理咨询和调查活动，设置心理健康教室等。做好心理安全教育有助于增强高职学生的心理素质，预防其心理问题，促进学生的人格完善。

（三）网络安全意识教育

网络技术的发展便利了人们的生活，也催生了新的犯罪手段，使得网络安全事件数量不断增加。高职学生面临的网络安全事件分为两种，分别是参与网络违法犯罪行为、网上购物和交友被骗而受到人身财产安全侵害。在新媒体传播趋势的影响下，各种社交平台、网购平台、网络游戏等发展迅速，冲击着传统媒体，这些丰富多样的 App 丰富和便利了高职学生的生活，满足了他们的需求。但是，学生在感受互联网方便快捷的同时，也受到了不同程度的影响，所以学校必须做好网络安全意识教育工作，一方面，要宣传网络法律知识，让学生掌握网络法律知识，增强他们对网络违法犯罪行为的辨别能力，让他们不要因为相关知识的缺乏，而在网络上做出触犯法律的行为，另一方面，要做好网络安全教育，结合网络实际中经常出现的安全事件，帮助高职学生学会在网络世界中保护自己的安全，提高警惕，对网络上陌生人送的财物保持警惕，并保护好自己的私人信息，警惕金钱往来，防止上当受骗，使其具备自我保护的意识和知识。

（四）国家安全意识教育

维护国家和民族的统一是每个公民的义务，高职学生也要做到这一点。当前的国际形势总体呈现出和平的状态，但是也存在动荡和不安。高职院校一定要加强学生的国家安全意识教育，这对于社会稳定和未来建设至关重要。高职学生正处于三观形成的时期，应当把握住这个时期培养和强化学生的国家安全意识。学校应当通过多种新媒体途径，以及讲座、课程等多种方式开展国家安全教育，帮助学生建立牢固的精神长城，坚定爱国信念和社会主义信仰。

二、当前高职院校学生安全意识教育存在的问题

21 世纪是信息的时代，是网络的时代，我国信息网络技术发展突飞猛进，互联网已经深入了了人们的生活，我国的网民数量和网络普及率在世界领域也是名列前茅的。智能手机、电脑、平板、智能手环、智能手表等网络移动终端类型的多样化，加之我国网络基础建设的推进，都使得网络的使用变得更加简单。线上交流不仅是生活娱乐的一部分，也成为工作交流的重要方式，我国网民的年龄范围也在逐渐扩大，除了年轻人和中年人之外，幼儿和老人也参与到网络生活中。网络技术使得信息传播速度加快，我们每天都能够在网络上获取大量的信息，这给人们的生活提供了帮助，也带来了风险。学生在网络上发言时很容易泄露自己在现实生活中的信息，很多 App 和平台会收集用户的私人信息，而不法分子和黑客不仅能够侵入 App 和平台获取这些隐私数据，也能够在学生的发言中收集到其现实生活中的信息，以此实施违法犯罪行为，如贩卖隐私数据、向受害者亲属实施诈骗等。如今，各种各样的网络诈骗层出不穷，很多接受过高等教育的人也会受骗。有些不法分子伪装兼职平台骗取学生的入会费，或者先用小额报酬让学生尝到刷单的甜头，再用大单引诱学生继续转账，甚至贷款刷单。还有利用网购、健康码等进行诈骗的方式。网络诈骗通常是钻了学生心理上的空子，利用其赚快钱的心理及对官方平台的信任等进行诈骗。高职院校的学生们社会经验少，防备心弱，青春期的他们更加容易接受新事物，喜欢进行社交，也容易被繁华迷失双眼，容易出现较强的虚荣心和攀比心，从而被不法分子引诱和诈骗。结束了高中繁重学习生活的他们，更乐于接触和了解学习之外的种种新鲜事物，尤其愿意参与网络生活，在网络上进行社交。尽管学生都被家长、老师教育在网络要保持警惕，但是当他们身处集体中时很容易被煽动和引诱。高职学生们防备心不足，辨别能力弱，是不法分子诈骗的主要对象，一旦被骗将会留下心理阴影，难以快速恢复，甚至会影响他们正确三观的形成。

三、信息化背景下高职院校学生安全意识教育工作现状

一是现代海量信息存在较大的分辨难度。现在的学生对于传统道德的认知大多停留在表面，对于已经产生变化的手法和套路，高职学生很难将传统的道德理

念在时代背景下合理运用并加以防范。信息化背景下，很多新的事物应运而生，比如，社交平台、各类新闻 App、短视频 App 等，这些新鲜事物绝大部分都是在传播时下热点。很多平台为了增加流量、吸引用户都开通了评论、转发、分享等扩散信息流动的功能。这导致了在互联网上流动的信息虽然不涉及违法犯罪的领域，但部分信息具有较强的错误引导性。现在涉及互联网信息传递的平台，对于信息的上传门槛极低，且对于信息的内容只保证其不涉及违法犯罪的情况，所以无论什么人都能在互联网平台上发布信息。现在能在互联网上发布信息的平台，为了减少因为发布信息时间慢，导致用户流失的情况，大多数平台都是采用将上传的信息先发布然后再进行审核的方式，这很容易让不法分子发布一些错误的信息来诱导学生，而造成一些不可挽回的后果。比如，很多高职学生进入高职院校学习后，课余时间较多，想做些兼职，很多不法分子就会利用学生的这些心理，在一些找工作的软件上发布不实招工信息，利用耗时短、薪资高、门槛低的新型服务类职业来诱惑学生，当学生发现现实与招工信息不符时，可能已经来不及了。互联网上每日产生的信息数量巨大，内容极具多元化，目前还缺乏较为相关的规范与管理措施，在多种因素的影响下很容易让高职院校学生将互联网上主流思想发展为自身的主要思想，在这种情况下再去建立学生正确的安全价值观为时较晚，这部分学生还可能在互联网上或是向身边的同学继续传播这类错误的思想，以此产生恶性循环，影响更多的学生。

二是高职院校安全意识教育机制存在不足。传统的安全教育内容主要针对的是在互联网出现之前，是对学生出现的典型安全事故进行相关的安全教育。比如，因为游泳导致的溺水、突发火灾时该如何应对、家用煤气中毒该如何及时处理、如何辨别有毒食物及时预防食物中毒、面对线下诈骗的辨别与预防方法、被烧伤与烫伤后的处理措施等。传统的安全教育内容主要是教学生如何去辨别存在的安全隐患、面对突发的危险情况该如何应对以及在事故过后该如何处理的相应措施。随着互联网的发展，对高职学生也带来了新的安全问题，安全教育不仅仅是对学生的人身安全教育，还包括学生的财产安全与精神安全等。高职学生的安全问题最为普遍的形式为网络诈骗，因为网络具有多元化特性，网络诈骗的手段层出不穷，让高职学生防不胜防。比如，电话诈骗、微信诈骗等新型诈骗形式，诈骗分子使用的诈骗手段也是贴近我们的现实生活、贴近学生内心的想法，这会导致很多学生上当受骗。传统的安全教育机制主要以教师口头教育的形式进行。因为传统的典型事件相对直观，且高职院校学生在中小学教育阶段都有所接触，能将自己设身处地代入安全场景中，因此，相应的教学方式也能取得较好的教育效果。但是面对现代化的安全教育，传统的安全教育形式就显得力不从心，需要针对当下出现的安全问题制订合适的安全教育措施。

三是部分学生的人生观、价值观尚未成熟，认知存在偏差。当下社会信息化程度高，人们发布或者获取信息更加便捷。高职院校学生接触互联网的信息较多，对传统文化接触的信息较少，这导致高职学生对传统文化思想中的道德理念建设还不成熟。对于当下产生的矛盾不能很好地分辨对与错，只能跟随大众的思想潮流进行思考，没有建立正确的是非观。高职学生在未树立正确道德观念的情况下，长时间地被现代互联网上的思想影响，且高职学生缺少丰富的社会实践经历，对互联网上具有主观引导性的事件，还缺少分辨能力。一旦高职院校缺乏详细的管控措施，导致部分缺乏自控力的学生沉沦网络，使其原本不够成熟的人生观、价值观、道德观受到错误的引导，逐渐扭曲；高职学生未树立完善的道德观，对没有经过真实性鉴定的信息无法进行正确分辨，比如，在观看一个带有引导性的短视频时，会被视频的内容与视频上传者的主观思想所左右，再被背景音乐烘托的氛围以及视频评论与点赞最多的"神评"所影响，很容易参与到视频的主要观点队伍中去，导致其做出错误的行为。部分学生深陷"饭圈"文化，对于网络上的不实言论，缺乏求证精神，沦为"网络暴力"的帮凶而不自知。所以在信息化背景下，相关人员应该及时建立更为完善的网络安全管理与监督机制，营造良好的网络环境，促进学生健康成长。

四、加强高职院校学生安全意识教育工作的方法

（一）安全教育与安全管理相结合

现阶段，我国的高职院校普遍更加重视安全管理，而忽视安全教育。但是，只进行安全管理是难以为学生创造出安全、稳定的环境的，反之，只进行安全教育也是难以维护高职安全的。由此可见，安全管理和安全教育两者应当紧密结合，两者并重，双方并举，才能使高职安全工作收获良好的效果。

第一，校方应当意识到安全教育是无法一步到位的，而是一个长期性、连续性的工作。所以，在进行安全教育的同时，安全制度的管理是必不可少的。学校的种种制度是在长期的办学过程中逐步建立、不断完善和革新的，安全管理制度都是经过实践证明的，能够有效维护学校秩序、安全，这是基本制度，也是必要制度。每一届的新生通常都是来自五湖四海，对学校内部和周边都十分陌生，只有坚守各项管理制度，才能够快速融入新环境，进行正常、安全的生活和学习。当然，在完成安全教育之后，安全管理仍然有其重要性和必要性。因为安全教育是针对学生的，能够提升其安全意识，加强他们的辨别意识和警惕心理，远离风险因素。但是学校的安全工作不能只依靠学生的自觉，这是难以实现的。除了教育和引导，管理和约束也不能缺席。其实，安全教育也是一个管理问题，脱离了安全管理，安全教育就无法起到理想作用。

第二，安全管理也是一种安全教育，这两者的目的都是改变学生的行为。在教育中，教师往往要管理学生；在管理中，管理者也通常要教育被管理者要遵守制度，两者其实是统一的关系。关于学生安全和学校安全，高职院校都建立了一定的制度体系，为了使学生遵守这些规章制度，就要让他们对此了解、认可、理解和接受，这就需要进行制度的宣传和教育，否则，这些制度就会变成一纸空文，无法发挥理想效果。所以学校必须重视安全教育，采取多样化的教育方式，如安全知识讲座、广播、故事性的短片、安全演练等，让学生将安全知识和制度内化于心、外化于行。脱离了安全教育，安全管理就无法落实和执行。即使是在假期、实习等学生不在学校的情况下，安全管理相关部门也需要关注学生的安全，按照"谁主管，谁负责；谁组织，谁负责"进行管理，如严格执行请假和销假规章制度、签订安全责任书等，平时也要加强24小时巡逻和值班，定期和不定期地检查宿舍等，安全教育使学生自觉，安全管理给学生约束，两相结合，方能发挥最大作用。

（二）系统教育与日常教育相结合

学校教育是有目的、有组织、有计划的、系统性的教育，高职学院安全教育也是如此，这也是其最明显的优势。因为高校生活的特殊性和此时期对学生发展的重要性，高职院校必须要加强系统的安全教育。在安全教育中，常见的方式主要有专题讲座、校园广播、视频短片、板报、微信公众号等。此类方式在宣传效果上有明显优势，然而仍不能忽略其中的问题，那就是缺乏深度和系统性。为了弥补这一点，高职院校应当设立专门课程，同时创设和完善相关机制，提升其安全教育的系统性和规范性。

第一，高职院校应当为此设置专门的教务组织，开发安全教育课程，管理和评价专职或者兼职的安全教育老师。我国教育领域不断深化改革，很多不受关注的教育内容再次出现在视线内，安全教育就是其中之一，没有资金和师资力量，这门课程就无法开展。

第二，完善课程运行机制，不仅要开设安全教育课程，更要使之成为教学计划的一部分，编制课程表，明确课程数量和时间。并且这门课程不能仅面向新生，课程安排时间不能仅为新生入校前期，而应当面对全体学生，让学生在每个学年都有安全教育课程的学习机会，使之伴随学生的整个大学历程。这既是政府和校方对高职学生安全教育重视的体现，也能够以系统性的安全教育帮助学生更加全面地学习安全知识，增强其综合素质。

第三，创设和健全相关的配套机制，推进高职安全教育的正常运行，推进系统教育和知识讲座等活动的有机融合，使之更加全面，以及提升安全教育效果。安全教育课程不仅需要资金、师资力量以及明确课程数量、时间、教室等运行机制，还需要教材，其教材应当充分与现实生活相结合，根据新型安全事件进行更新，既要有基础的安全知识内容，还要具有实用性，以及能够吸引学生的趣味性，以此促使安全教育更加规范、系统和科学。没有科学的教材，安全教育就难以形成系统性和逻辑性。所以，高职院校应当重视安全教育教材的编写，要以思想教育为基础，以法制教育为依据，以典型案例为衬托，以防火、防盗、防事故为主要内容编制教材，以提高授课的系统性、条理性和逻辑性。

同系统教育一样，日常教育也是高职院校安全教育的重要内容，校方应当根据实际情况，在各个学期组织各种日常教育活动。例如，安全知识竞赛，以学分、奖品等吸引学生参与，从而促使学生积极了解和学习安全知识；编制安全故事手册，将易发生的学生安全问题写成趣味性故事，吸引学生阅读，引发学生思考和警惕；结合当下的安全热点问题，发布微信公众号文章；将体育课和安全防范技能相结合，在课上教授一定的防身技能，让学生学习和训练；组织防诈骗等主题的短片大赛，引导学生发现身边的诈骗风险，亲自编写剧本并表演，使之深入思考；经常举办地震逃生、火灾逃生和灭火等安全演练；举办安全教育主题的演讲、演出、辩论赛等活动，让学生了解更多的安全知识；学生会和安全管理部门合作，为学生提供参与管理的机会，使之深刻认识到身边的安全风险和安全的重要，促使他们自觉保护自己和学校的安全、自觉遵守安全管理规范。

（三）全面展开与重点突出相结合

高职院校的安全教育要重视全面展开和重点突出相结合。全面展开要求校方将安全教育渗入课程、管理和校园活动的方方面面，以多样化的方式在多个层面引导学生学习安全防范知识，增强安全保护意识，学习安全防护技能。重点突出要求不同方面和不同时期的安全教育不能是同样的，而应当结合实际情况，针对学生的特殊阶段，突出当时的重点事件。

1. 针对重点场所开展专门的安全教育

重点场所就是存在较多安全风险，容易发生安全事故的场所，要围绕这种场所宣传相应的安全防护知识，形成相应的规章规范，加强安全教育和管理。例如，学校实验室和化学试剂存放室，要制定严格的操作规范，并对学生进行专门宣教；人群密集场所，要加强秩序管理和社会道德教育，让学生自觉听指挥，不随意跑动，并重点找出安全通道位置；食堂、澡堂等易失窃的场所，要张贴标识和教育学生保管好私人财物。

2. 安全教育要突出重点时期

重点时期是指易发生安全事故的特殊时期，对高职学生应重点抓好以下几个时期的安全教育：

首先是新生入学时期。新生初入学，对于校内外都十分陌生，安全防范意识弱，不了解相关的知识和技能，是安全问题高发时期。校方应当在此时期对新生开展法治、国防、安全的相关教育，发放安全手册，并组织学习活动。应当设置专门的入学教育，发放学校地图，带领学生了解学校和周边，帮助他们尽快熟悉新环境，开展生活安全宣讲，对盗窃、诈骗、消防、交通等相关安全知识进行讲解。即使是入学阶段结束，也要定期进行安全知识宣讲，提升学生安全防范意识。

其次是节假日时期。在这段时间内，学生没有学习任务，思想放松，经常外出娱乐，很容易遇到盗窃、车祸、溺水等安全问题。因此，校方要针对此强调安全防护，避免出现安全问题。

再次是实习和社会实践时期。此期间学生要接触社会，与各种社会人士接触和交际，社会经验不足、安全意识不强的他们离开了师长的视线，很容易遇到难以妥善解决的问题，进而出现意外事故。

最后是毕业生离校时期。这是学生在学校的最后一段时间，也是安全问题高发时期。毕业生完成了课业，有更多的时间进行娱乐、找工作等，经常外出聚餐，很容易因为就业压力、酒精刺激和离愁别绪而冲动、失控，做出酗酒闹事、打架斗殴、毁坏公物等行为。校方要针对此进行安全教育和心理疏导。

第三节　高职院校学生职业规划教育工作

随着社会的发展，教育事业也取得了长足的发展，高校应届毕业生的数量不断增长，2022届应届高校毕业生的数量将突破1000万人，约1076万人，其中高职（专科）毕业生人数最多为516万人，其次是本科毕业生，为471万人，之后是研究生人数为89万人。毕业生总数同比增加了167万人。近年来，呈现出"慢就业"的发展趋势，与此同时，部分毕业生的心态发生了改变，出现了"尼特族""躺平"等情况。基于当前的就业形势和当前大学生的心态，大学生的职业规划和就业求职面临着全新的问题，呈现出新的特点，有了全新的考验。《"十四五"就业促进规划》是由国务院在2021年8月23日印发的文件，在该规划中明确提出了当前社会的就业形势不容乐观，非常严峻，如高校毕业生等重点人群的就业任务非常的艰巨，当前就业呈现出"就业难"与"招工难"并存的现象，结构性失业更加突出，这也成为当前就业中主要的矛盾问题。为了促进高校毕业生的顺利就业和创业，需要实施精准的就业服务计划，这就需要高校组建、成立专业的就业与创业的指导队伍，为毕业生在线上提供专业的、科学的、有针对性的求职指导，并且可以在线下开展职业体验和举办全国大学生职业规划大赛等活动和服务。

一、高职院校学生职业环境探索

（一）社会环境分析

人是生活在社会中的群体，如果没有社会环境，我们就没有办法生存和成长，因此，在就业的时候也会依附于社会环境进行选择，个人的职业发展必然与社会的发展需求相适应。鉴于此，大学生在进行职业规划选择的时候首要了解的是所选择的职业在社会中所处的位置和环境。不管是政治、经济环境还是文化、法律环境都会对个人职业生涯的发展产生重要的影响，只有这样，大学生才能在进行职业选择的时候，明确职业的有利条件和不利条件。

1. 经济环境

职业的存在、发展与经济环境有关，这是毕业生在进行职业选择时必须考虑的一个重要方面。经济环境包括当前的经济形势、收入水平、经济的发展水平以及劳动力市场的供求关系状况等。

（1）经济形势

毕业生职业的选择、发展与经济形势的变化分不开。当经济处于繁荣的发展阶段，那么社会中的企业也会随着经济的发展不断发展壮大，这时的就业市场急需大量的人才，促进了就业。反之，如果经济处于萧条的阶段，企业在这样的经济背景下会降低效率，缩减开支，企业的员工就会面临失业的风险，同时就业市场中就业机会就会减少。

（2）收入水平

对于职业的选择和发展的重要影响因素是收入水平。当社会经济处于一个高速发展的状态时，社会中人们的生活水平得到提高，人们的收入水平也随之升高，高收入会刺激人们的消费，消费增加了也就是对商品的需求增加了，为了满足社会中的消费需求，平衡供给关系，企业就会扩大生产，此时就需要大量的人才，大学毕业生的就业机会和职业选择就会增多。反之，当收入水平下降的时候，企业会缩小规模，社会中可供选择的职业就会减少，对于大学生来说，可以选择的职业和职业发展的机会就会变少。

（3）经济发展水平

我国很多的大中型企业集中分布在我国的经济发达地区，因此提供的岗位非常多而且集中，这对于求职者来说是非常好的，岗位多、发展空间大，就业者可以在这找到适合自己的岗位。相反，如果当地的经济发展水平不高，没有优质的企业，而且在数量上也非常少，这就会限制就业者的职业选择和职业发展，导致人才流动受限。

（4）劳动力市场供求状况

大学毕业生的就业情况受到劳动力市场供求关系的直接影响。当就业市场上出现某类专业供不应求时，此专业的求职者就会有更多的求职选择机会；反之，当劳动力市场上出现某类专业供大于求时，此类专业的求职者相较而言就会很难找到心仪的岗位，并且，此时用人单位会对求职者提出其他的要求和条件，在这种情况下求职者的职业选择和职业发展的机会就会变少，不利于个人的职业成长和规划。

2. 政治法律环境

（1）政治环境

对于职业选择和职业发展来讲深受政治环境的影响。政治环境主要包括国家的政治体制、经济管理的相关政策、国家的发展路线、国家的方针政策、教育的制度、人才流动的政策等。在我国，为了提高全民文化素质，让更多的人可以受到高等教育，由此在教育领域主要开展教育体制改革，在这样的背景下，社会中人们的学历普遍得到了提升，毕业生的人数每年都在增加，就业市场中有越来越多的劳动者，这也导致大学毕业的就业形势非常严峻。不仅如此，之前的教育中并不重视职业技术教育的发展，导致当前劳动力市场中非常缺乏专业技术性的人才。

（2）法律环境

所谓的法律环境主要指的是中央和地方政府出台的相关的法律法规和政策，具体有社会保障制度、机关人员的招聘制度、户籍制度、人事制度、住房制度等，这些制度的出台和相关政策的落实都会对大学毕业生的就业选择与职业规划产生重要的影响。

3. 文化环境

随着社会经济的不断发展，文化对社会的发展有着重要的影响作用，并且文化对人有着潜移默化的影响，优秀的文化会推动社会的进步与发展。在社会文化的大背景下，每个人都会受到文化的影响，影响着思维方式和行为选择，传统文化会对个人的行为产生影响。一个地区如果崇尚变换职业，在该地区就业的人喜欢在企业之间来回流动，寻求新奇的职业和自己喜欢的职业，美国的合同市场体系就是一个很好的例子。如果一个地区的人们寻求安全感和稳定性，该地区的人在企业之间流动就会比较少，如日本的终身雇佣制。我们生活在一个社会文化环境复杂的国家中，既有我国的传统文化，又有外来的西方文化，在这个各种文化互相交流的社会环境中，个人的职业选择和职业发展要适应企业所处地区的文化。

（二）企业环境分析

1. 企业环境

企业环境分析，是指大学生通过对自己所喜欢的企业进行理论分析和调查研究的过程。大学生在步入岗位前对自己所喜爱的企业进行初步的了解，对于职业选择和职业发展都会起到至关重要的作用，是踏上职业之旅的必经之路。

（1）企业调研

大学生应从企业的十个方面进行调研：公司概况、产品和服务、企业战略、模式管理、企业文化、人力资源、薪酬福利、企业领导、活动方式、其他文件。

（2）发展阶段

企业发展过程与人的生涯发展有着相似性，也是一个由诞生、成长、壮大、衰退、直到死亡的过程。企业从诞生直到死亡所进行的生产经营活动就是企业的生命周期。在每个生命周期阶段，企业的发展战略、管理政策和改革政策等都有着各个阶段所具有的不同特点。一般行业的生命周期可分为四个阶段，即初创阶段、成长阶段、成熟阶段和衰退阶段。

2. 岗位环境

岗位环境分析就是对工作本身和工作发展进行的调研，岗位是你的目标位置，当你想占有一个位置时，你必须全面、准确地了解该岗位，而这种了解的方式就是探索和调研。

（1）岗位描述

岗位描述是对岗位的定义和工作内容的描述，是理解一个岗位最直接的方法，这是岗位的基本内容。作为大学生应该通过岗位描述了解：这个岗位是什么；这个岗位做什么；这个岗位要具备什么；谁做过和谁在做着这个岗位。

（2）岗位晋升方向

岗位是在职能的基础上，根据具体需要分化产生的，所以在相同的部门、相同的职位，会有很多相似的岗位。了解岗位为工作的转换晋升带来了极大的便利。

了解岗位包括两个方面：和这个岗位相关的岗位是什么，这个岗位的职业发展方向是什么。

（3）背景下的岗位要求

在企业发展的大背景下，企业是盈是亏都是无法预知的。大学生在进行职业选择时应考虑对其影响的因素，在国家和企业的大背景下会制约公司的发展。包括：不同职业对这个岗位的理解是什么；不同类型企业及企业所处发展阶段对这个岗位的理解是什么；不同领导和上司对这个岗位的理解和要求是什么。

（4）个人与岗位的差距

当你充分了解该职位的具体要求后，就可以进行差距量化和差距补充了。自己的准确理解是量化与岗位差距的前提和基础。差距是可以量化的，如组织能力不强，沟通能力弱等。如果差距不进行量化，就不能明确地行动，那么补充也就没有针对性。

二、高职院校学生职业规划教育环境探索

（一）课程安排分析

从普及角度看，大多数高职院校都已经开设职业生涯规划教育课程，但是从该课程具体的实施过程上看，效果不尽如人意。其中最主要的原因之一是高职院校对该课程认识不深，没有予以足够的重视，主要体现在以下两点：第一，长期以来高职院校的工作重心之一是尽可能提高就业率。因为就业率的高低是招生宣传的重点，会从一定程度上影响学校的招生情况。完成学生的就业任务是多数高职院校追求的工作目标，因此，通常情况下没有考虑到学生整体的职业生涯规划。第二，高职院校对于该课程的认识不深，一般会将该课程作为一门在一学期或者一学年就完成的短期课程。这种"集中式"和"断崖式"的教学时间安排无法贯穿人才培养全过程，与高校职业生涯规划课的全程性要求相违背。该课程全程性的优势和特点在于学生在不间断的学习过程中，可以根据自身情况和就业市场环境的变化，不断修正、改善自己的职业生涯规划，以便适应内外环境的变化。

（二）教师队伍分析

虽然高职院校开设了职业生涯规划教育课程，但有部分院校选择以选修课形

式，或者在一学期或者一学年内结束的短期课程等形式展开，这就注定了该课程很难配备专业知识过硬、数量足够的专业教师队伍展开教学和科研活动。不少高职院校的职业生涯规划课都是由一些一线的学管工作人员或部分行政管理人员担任教学任务，比如，专兼职辅导员、班主任、从事招生就业的工作人员。他们平时有自己的日常行政工作需要处理，不能全心全意地进行教学和科研，师资队伍存在不稳定性和随意性。同时，多数教师因为各种自身原因或工作原因，没有接受过完整、系统的职业生涯规划教育培训，不具备从事该门课程的专业知识，也不能对学生提供专业的、有效的职业生涯规划指导和咨询服务。

（三）教学评价机制分析

健全的教学评价机制能够有效反馈教学成果，不成熟的教学评价机制则很难得出有价值的教学评价结果，更不能促进该课程更好地发展。一般情况下，职业生涯规划教育课程的评价主体为教师，忽视了社会因素方面的评价，比如，来自企业管理人员或者技术人员的评价，因此很难对学生进行全面评价。评价内容以理论知识考核为主，缺乏实践性。比如，可能是结合自身实际情况，撰写职业生涯规划书，或者可能是根据所学知识论述学习收获等书面形式展开，忽视了该门课程应有的实践性考核。评价方式主要是以一次性终结为主，重视书面考核成绩，忽视该门课程全程性的特点。

三、高职院校学生职业规划教育工作内容

职业生涯规划指一个人结合自身条件和现实环境的各种因素，确立自己的职业目标，选择职业发展道路，制订相应的学习、培训和工作计划，并按照生涯发展的阶段实现具体行动以达到目标的过程。对高职学生来说，职业生涯规划能够帮助他们全方位地分析和了解自己，根据自己的特点和专业做出明确的职业发展定位，进而设立明确的职业发展目标。与普通本科教育相比，职业教育的中心目标是培养高素质、高技能的一线应用型人才，其侧重于学生职业意识的培养、职业技能的培训和职业素养的提升。除此之外，高职院校的学制一般为三年，学生在校时间较短，因此要求职业生涯规划教育要相应地前移，并做好以下几项主要工作：

一是帮助高职学生准确评估自我，进行职业定位，明确职业目标。这一阶段的重点是帮助他们理解职业生涯规划对个人的重要意义，树立职业生涯规划的意识，了解自我的优势与不足，帮助学生建立对未来就业的信心，掌握职业生涯规划的设计方法，借助一些测评工具来帮助学生了解自我的职业性格、职业兴趣、气质类型、能力、价值观等，并且还可以利用 SWOT 分析法、橱窗分析法、家族职业树等学生容易理解和掌握的方法，帮助他们从多层次、多角度地加深对自我的了解，发掘自己的优势，了解自己的不足，以便在将来选择职业发展路径时可以扬长避短。要让学生了解各种职业对任职者知识、技能、职业道德、行为规范的基本要求，了解职业的现状和发展前景，如人力资源需求、平均工资状况等。不同的职业岗位具有不同的岗位特性，对求职者的能力素质有不同的要求。综合多方面的因素和要求，从而寻找与学生实际情况相适应的职业。高职院校应该从学生进校门开始就加强专业教育，逐步培养职业理想，最终确立适合自身发展的职业目标。

二是明确大学三年职业生涯规划的阶段奋斗目标。一年级为适应、探索阶段，主要是适应大学生活和确定发展目标。在这个阶段，学生要初步了解大学、了解所学专业和职业发展方向，初步确定奋斗目标。通过积极参加学校活动，增加交流技巧，锻炼自身能力；认真学习英语、计算机知识，争取尽早通过等级考试；善于利用学生手册，了解相关规定；参加各类学术讲座、学生会和社团活动，丰富知识、拓展视野；积极参加社会实践活动，提高自己的实践能力和抗挫能力。二年级为拼搏阶段，主要是职业适应、落实职业规划，通过具体的职业性格测试，深化对自我的认识，认真评估自己的学习目标，进一步加深对职业的思考。要努力提高求职技能、锻炼自己独立解决问题的能力；多参加和专业有关的社会实践工作，与同学交流求职的心得体会，学习写简历、求职信，了解搜集工作信息的渠道并积极尝试。三年级为冲刺阶段，工作和继续深造是大三学生面临的两种选择，大部分学生的目标应该锁定在工作申请及成功就业上。首先，要写好个人简历材料，特别是要写好在前几年积累的各种获奖情况和实践经历；其次，要积极利用学校提供的条件和资源，了解就业指导中心提供的用人单位信息，强化求职技巧，进行模拟面试等训练，尽可能地做到在充分准备的情况下参与招聘活动；最后，要积极参加招聘活动，在实战中检验自己的积累和职业能力。

三是构建合理的知识结构。知识的积累是成才的基础和必要条件，但它不是衡量人才的绝对标准。由于高职学生在择业、就业上很难做到"从一而终"，往往需要经历一次甚至多次职业岗位的变动，要适应这种变化，必须构建合理的知识结构。在进行职业生涯规划时，高职学生要能够根据职业和社会不断发展的具体要求，将已有知识科学地重组，建构合理的知识结构，最大限度地发挥知识的整体效能。合理的知识结构包括宽厚扎实的基础知识、较强的专业知识和广博的综合知识。

四是根据变化不断调整自己的职业生涯规划。影响高职学生职业生涯规划的因素有很多，有的变化因素是可以预测的，而有的则难以预测。要使职业生涯规划切实可行，就应不断地对职业生涯规划进行评估、修正，以适应环境的改变。成功的职业生涯规划需要时时审视内外环境的变化，调整自己的前进步伐。同时，在职业生涯规划的实施中，高职学生还要根据实际情况的变化，适当对职业生涯规划进行调整，使之不断符合实际需要。

在开展高职学生职业生涯规划时，除了要注意以上几个方面的问题外，还应注意培养良好的道德修养和健康的心理素质，如正确对待择业挫折的心理素质和敢于竞争、善于竞争的心理素质等。

四、高职院校学生职业规划教育工作意义

第一，有助于加强高职院校学生的职业规划意识，充分发挥自身优势。高职院校学生普遍缺乏对自己的性格、气质等方面的科学测评和反思，不了解自己的优势和劣势，因此，在对职业选择的过程中具有较大的盲目性和不切实际性。要想确立一个可以付诸实施的、有效的职业规划设计，必须在充分并且能够正确认识自身条件与社会环境的基础上进行，这可以通过一系列专业的职业能力测评，来确定自己的个性特点、兴趣、气质、性格、能力、缺陷等影响职业选择和未来职业发展的重要内在因素。所以，大学生入学后的第一步就是要充分了解自己，明确自己的优势、劣势，能够剖析自己的个性特征，着力培养某些职业特质，及早地建立职业准备意识，弄清楚自己想干什么、能干什么、适合干什么，并根据社会的需要，考虑眼前利益和职业长远发展的关系，合理规划自己职业生涯。

第二，有助于高职院校学生强化学习动机，减少不必要的择业时间。通过对

自己职业生涯的规划，能够帮助学生明确自己毕业后的就业方向，找准岗位目标，从而激发学生学习专业知识和掌握未来就业所需专业技能的内在动机，使学生能够主动围绕毕业后就业岗位学习相关专业知识，积极参加社会实践，不断提高自己就业所需的四种能力。部分高职院校学生由于职业目标模糊，缺乏自我认知，在毕业时盲目就业和择业，接踵而至的就是频繁跳槽。而经过了系统的职业生涯规划教育的学生一般都具有明确的职业定向，在择业时很慎重，能够尽快找到一个相对适合自己的职业，从而避免因"人职不匹配"而总是处在不断求职的状态中，减少不必要的择业时间。

第三，有助于高职院校学生建立科学的择业观，形成科学的自我评价机制。一些高职院校的毕业生缺乏必要的自信，就业时"饥不择食"；还有一些人盲目自信，就业时"好高骛远"，这两种倾向都将导致高职院校毕业生就业成功率的下降。我们提倡的是科学择业，是指求职者按照自己的职业期望和兴趣，凭借自身所具备的能力挑选职业，使自身的能力素质与职业需求相符合的过程。面对日益增加的就业压力，高职院校学生在作为新生入学时选择学校和专业的主要标准就是"毕业后好就业"，而缺乏主动择业的观念。科学的择业观倡导的是建立在"知己知彼"基础上的"人职匹配"，而对学生进行系统的职业生涯规划教育有利于建立这种观念。

五、完善高职院校学生职业规划教育工作

（一）加强职业规划与指导

第一，对于职业规划与指导工作，高职院校的管理者应该转变思想，重视该项工作，明确职业规划的功能和目的。高职院校的职业规划需要从学生近期所面临的择业误区出发，帮助学生规划职业生涯，实现学生所追求的人生价值。详细来说就是对学生盲目追求的短期择业观进行纠正，即择业的时候追求社会地位、薪资水平、地域等，应该根据自身的特点和优势找到适合自身的职业，提高自己对于职业的适应能力，同时应该树立终身学习的意识，不断提升自我，为将来的职业转换做好准备。高职院校还应该引导学生树立正确的世界观、人生观、价值观、择业观、就业观，让学生在职业活动中实现自我价值。

第二，高职院校应该积极设置职业规划和职业指导的立体化、科学化的课程。这些课程具体包括文化素质课程、理论知识课程、实践活动课程、职业实战课程等，不断提高课程对学生的吸引力。在职业规划和指导的课程中应该体现实效性和全面性的原则，课程的内容应该体现职业领域的各种活动，例如，分析就业形式、职业的定位、职业的匹配、择业观的培养、职业测评与咨询、职业能力训练、职业适应等内容。与此同时，还应该根据当前就业市场的形式和新的发展趋势对教学的内容进行及时更新和调整，这体现了课程组织的阶段化原则。从学生进入大学到学生毕业，这整个阶段都有职业规划和职业指导的身影，在大学的不同阶段，在学生的不同需求阶段，职业规划和职业指导呈现出不同的侧重，因此，可以看出职业生涯规划具有针对性。

第三，积极打造一批具有专业性的职业规划指导教师，学校应该本着"内培外引"的原则来建设教师队伍，对于当前专业职业规划教师匮乏的情况，通过聘请社会职业指导力量来解决。与此同时，还要对高职院校负责职业规划指导的老师进行定期的培训，鼓励相关的老师参加心理测评师、职业指导师等证书的报考，也同样鼓励相关的老师考取相关的硕士学位，帮助教师获得个人的成长，更好地解决学生在职业生涯中遇到的问题。

（二）优化职业规划的程序

第一，自我评估。大学生可以借助性格测验、职业兴趣测验等对自我的职业兴趣、能力、气质、性格特点等进行了解和认识，也可以通过他人的评价来进行认知。通过科学的手段和方法，认识自身的长处和不足，发挥自身的特长，改正自身的不足，获得更好地发展和成长。

第二，职业分析。学生在对自我的职业生涯进行规划时，应该对职业的区域进行明确。并对该地区的就业政策、生活环境、职业环境，以及对当地行业的相关人才供给情况、岗位的特殊职业要求、行业的非正式团体规范和工资福利等问题进行了解和明确。

第三，确定职业目标。职业目标有长期目标也有短期目标。长期目标主要是指以后职业规划的最高层次，短期目标主要是指提升近期的素质能力和水平。

第四，职业实践能力的培养。学生在进行职业设计时，不仅需要培养学生构建专业知识体系的能力，还需要满足当前社会所需要的各种能力，比如，创造能力、决策能力、实际操作能力、社交能力、组织管理能力以及自我发展中的心理调适能力、终身学习能力、随机应变能力等。

第五，参加职业训练。职业训练包含职业的技能培训、职业意向的科学测定等。高职院校的大学生参与社会实践活动、兼职活动、职业兴趣分析测评和职业意向的测评活动等，可以帮助学生更好地了解自己感兴趣的职业，找到心仪的求职方向，还能对感兴趣的职业技能进行掌握。

第六，评估与反馈。很多因素都会影响职业生涯的规划，对于其中一些因素的变化是不可预测的，这就导致学生需要对职业生涯规划进行及时的修订和评估，避免打乱自己的职业生涯规划。

第四节　高职院校学生心理健康教育工作

一、心理健康的概念与标准

（一）心理健康的概念

心理健康已成为完整健康概念中一个不可缺少的重要组成部分。心理健康的概念是随时代和社会因素的影响而不断变化的。迄今为止，关于心理健康还没有一个统一的概念。

从广义上来讲，心理健康是指人的一种持续的心理状态，是人们对客观环境具有高效、快乐的适应状况；从狭义上来讲，心理健康是指在知、情、意、行方面的健康状态，主要包括发育正常的智力、稳定而快乐的情绪、高尚的情感、坚强的意志、良好的性格及和谐的人际关系等。

心理学家英格里斯认为，心理健康是指一种持续的心理状态，个体有良好的适应力，具有生命的活力，具备充分发展其身心的潜能，是一种积极的、丰富的状态，而不是狭隘的免于心理疾病而已。

社会学家孟波认为，心理健康就是合乎某一水准的社会行为。一方面能为社会所接受，另一方面能为本身带来快乐。

个体成长观的学者把心理健康解释为人的积极的心理品质和潜能的最为完整的发展，认为心理潜能的发展取决于人在一生中是否能够成就某种事业。

《简明不列颠百科全书》对心理健康解释为个体心理在本身及环境条件许可范围内所能达到的最佳功能状态，而不是指绝对的"十全十美"。

心理健康是相对于生理健康而言的，表现为心理和社会方面的适应与完好的一种状态，即生活在一定社会环境中的个体，在神经功能和智力正常的情况下，情绪稳定、行为适度，具有协调人际关系和适应环境的能力，以及在本身及环境条件许可的范围内所能达到的最佳心理功能状态。

（二）职业院校学生心理健康的标准

1. 智力正常

智力正常是学生进行生活、学习、工作的基本条件，正常的智力也是学生适应社会环境变化，完成学习任务，进行正常生活的必要心理保证。学生智力正常的衡量标准是：观察力敏锐、思维灵活、想象力丰富、注意力集中、记忆力强、有强烈的求知欲望和浓厚的探索兴趣。

2. 情绪健康

心情的愉快和情绪的稳定是情绪健康的标志。情绪健康主要包含以下内容：一是负性情绪较少，积极愉快情绪较多，非常乐观，富有朝气和活力，对生活充满希望和期待。二是有稳定的情绪，可以对自身的情绪进行调节和控制，即能合理进行宣泄也能及时进行克制。三是情绪的反应有一定的背后因素，这种情绪的反应强度与一定的情绪、情境有关。

3. 意志健全

所谓的意志指的是人在完成一种有目的的活动时，所进行的有目的选择、决定和执行的心理过程。对于意志健全的人来说，具有较高的行动自制力、行动自觉性，也具有很强的行动果断性和顽强性。对于具有较强意志的学生来说，在进行各种活动时具有很强的目的性，可以在面临选择时及时做出决定，并且对于出现的问题会通过各种合理、科学的方式进行解决，可以在活动中对自己的行为和情绪进行控制。

4. 人格完整

在心理学上，人格指的是个体比较稳定的心理特征的总和。所谓的人格完整主要指的是具有统一的、健全的人格，也就是说一个人的所作所为、所思所想都具有一致性。对于学生来说，具有健全人格的主要标志是：一是完整统一的人格结构要素；二是具有正常的自我意识，不会产生对自我同一性的怀疑；三是积极面对人生，并有着积极健康的人生观，在目标、需要、愿望、行为上具有统一性。

5. 自我评价正确

学生心理健康的重要条件是正确的自我评价。对于心理健康的学生来说，他们可以正确认识自己、对自我进行观察和认定，可以对自我进行判断和评价，可以正确认识自我，不会因为自己在某一方面强就骄傲，也不会因为在某一方面低于其他人而自卑。

二、高职院校学生心理健康教育工作必要性

（一）高职学生心理发展的阶段及特点

高职学生的心理发展立足于发展心理学的角度来说，是处于个体心理发展的青年期。这个时期是一个心理尚未成熟，正在走向成熟的时期。高职院校的大学生在大学阶段会对未来进行设想，此时，自身的世界观、人生观才逐渐走向成熟，为成为独立的个体做准备。人在漫长的一生中，大学阶段是最具有活力和朝气的一个时期，在这个时期，学生的自我意识和认知意识都得到了空前的发展，知识储备也不断扩大。在整个大学阶段，主要心理发展分为三个阶段：一是适应准备阶段，二是稳定发展阶段，三是走向成熟阶段。大学生在刚刚入学的时候处于准备阶段，在这个阶段中，学生会遇到很多的问题，也会面对生活和学习上的很多不适应。但大学生心理发展过程中适应准备阶段的时间长短是因人而异的，短则两三个月，长则一两年。适应准备阶段之后，大学生的心理发展会进入稳定发展阶段。在这个阶段并非没有心理问题，如大二学生的学习问题最为突出，其次是人际关系问题，也不乏恋爱问题的困扰；到了大学三年级学生的未来发展成为突出问题。只不过在这一阶段，他们已适应大学生活、学习环境，很容易取得社会支持，并有了一定的自我调适能力。稳定发展阶段之后，大学生的心理发展会走向成熟阶段。处于这一阶段的大学生基本上能较好地处理自己遇到的困惑与问题，而在碰到自己难以解决的问题时，也能选择正确的求助方式。

当代高职学生在心理上具有一定的共性，表现出与以往任何一个年代大学生都不尽相同的心理面貌、心理矛盾、心理问题和心理发展优势。主要表现在以下三个方面：

1. 当代高职学生的心理面貌出现的三大转变

三大转变即从闭锁转向开放，从依赖转向独立，从关心书本转向关心社会。21世纪的高职学生不像20世纪六七十年代的大学生那样服从领导、依赖学校，而有了很强的独立意识；更不像以往大学生那样"两耳不闻窗外事，一心只读圣贤书"，而转向关心社会，特别是关注社会对自我发展的影响。当代高职学生的心理面貌突出表现为价值观念多元化、需要结构多样化、个性发展自主化、学习行为实用化。

2. 当代高职学生是一个充满心理矛盾的青年群体

他们普遍存在的内心矛盾主要有：闭锁性所导致的孤独感与强烈的交往需要之间的矛盾；渴求自主独立与情感物质依赖之间的矛盾；强烈求知欲与识别能力不强之间的矛盾；情绪情感冲动与理智调控约束之间的矛盾；美好的愿望理想与当前现实不如意之间的矛盾；强烈的性意识、性冲动与正确处理异性之间关系、性道德之间的矛盾。由于心理矛盾的多样性、复杂性和心理冲突的加剧，当代大学生在心理上也出现了一些发人深省的新问题。心理幼稚者、自我中心者、人格分裂者、网络成瘾者、精神空虚者都在他们中出现了，这些问题既影响他们精神生活的质量，又影响能力的发挥。

高职学生与普通本科生既有共同的心理特点，又有其独有的心理特征。虽然在字面上来看，大学生包含高职院校的学生，但是相较于重点大学生、普通本科院校来说，高职院校的录取分数线较低，虽然在年龄上，几种类型的学校学生基本上是一致的，但是在心理上会有所区别，具体表现在以下几个方面：

首先，高职院校的学生有着矛盾的心理，其自卑感与成就感交织在一起，但多侧重于自卑感。学生在经历了漫长的学习生涯，尤其是在经历了严格的高考之后考上了高等职业学院，这也就意味着学生进入了人生中的一个全新的阶段，这是一件值得骄傲的时期也是充满成就感的事情。尽管如此，但是对于一些学生来说，他们在高考中发挥失常，不得已报考高职院校，因此，在这些学生心理、在父母以及分数很高的同学面前会产生一种自卑感，会有失落的情绪，这会影响他们很长时间。

其次，新鲜感和失落感并存。高职院校的大学生进入高职院校是一个全新的环境，离开了原来教育阶段长期生活的校园，这就导致学生会产生很大的心理触动。第一，高职院校一般都分布在大城市，具有浓厚的校园文化氛围和底蕴；第二，与高中相比，高职院校的学习方式和生活方式有很大的不同，对于学生而言，学生可以自由支配、自主学习、自己做主，发挥自身优势的机会更多了，也可以更好地展现自己；第三，在高职院校中，素质教育是主导，与之前的应试教育不同，学生会产生很大的积极性和主动性；第四，学习方向从之前注重基础的学科学习转为专业领域的学习，具有更加清晰和明确的目标和方向。

3. 当代高职学生的精神

当代高职学生中也不乏自信自强、乐于奉献、意志坚强、思想进取的优秀者，自信心比较强，富于竞争意识和挑战精神

青春期是人们智力因素发展的黄金时期，也是非智力因素发展的关键时期。大多数的高职院校学生都具有较强的责任心和独立性，可以在大学校园中展示自我、开放自我、超越自我，实现自我接纳。基本上多数的大学生非常注重团队意识和人际交往，具有较强的求知欲和探索欲，对于所学的专业知识和技术较为关注。随着市场经济的发展以及市场"效益观"趋势的增强，学生非常注重学习一些可以赚钱且实用的技能。

作为当代高职学生，既不必沾沾自喜于自己心理上的种种优点，也不必忧心于自己心理上存在的种种不足和缺点，因为这都是社会和时代的产物。所以应抓住青年期的心理发展优势，跟随时代前进的步伐，扬优弃劣、扬长避短。

（二）高职院校开展心理健康教育工作现状

第一，心理健康教育研究水平低，指导实践不力。目前，我国高校心理健康教育研究面临诸多困境，"在理论性研究方面表现为：有特色的研究少，高水平的研究少，系列化的研究少，争鸣类的研究少，发展层面的研究少，服务性的研究少等；在实践性研究方面表现为：研究对象不具代表性，研究结果不具公正性，分析不具准确性，研究变量失控性，数据统计随意性等"[1]。其中高职院校的心理健康教育工作体系的研究欠缺理论深度，没有形成高职院校的特色，理论与心理

---

[1] 姚本先.我国学校心理健康教育：现状、问题、展望[J].课程.教材.教法，2003（2）：43.

工作实际衔接较差，缺乏对高职院校心理工作的有效指导。

第二，心理健康教育的组织机构不健全，认识存在误区。通过对高职院校实际情况的了解，各学校的心理健康教育发展极不平衡，部分高职院校的党委领导对大学生心理健康教育工作的认识不到位，没有充分重视这项工作。在学校的心理健康教育工作中存在很多问题，例如，机制不健全，管理不到位，政策制度不完善，分工不明确等。虽然很多高职院校成立了心理健康教育和心理咨询的相关机构，但是这些机构隶属不明确，这样导致相关心理工作缺乏规范性和科学性。同时，部分高职院校中存在对心理健康教育工作的认识误区，他们把心理工作的主要目标定位在少数存在心理问题的大学生身上，把工作的重心放在治疗和咨询上，忽视对心理疾病的预防以及发展性心理教育理念，导致大学生的心理健康教育推广和普及性较差。此外，部分高职院校中存在将心理健康教育工作与思想政治教育工作混为一谈的情况，甚至存在用某些思想政治教育取代心理健康教育的现象，反而导致学生的心理健康问题不易发现并得到及时解决，造成问题的严重化。

第三，心理健康教育工作侧重点单一，忽视发展性和服务育人功能。心理健康教育工作应全面考虑到学生的实际需求，紧密围绕学生在校生活而开展的相关教育活动，但是部分高职院校的心理健康教育工作的开展过分集中于管理和针对心理健康有问题的学生，从而未能形成一种长效机制，未能关注学生的全面发展。在心理工作服务于学校教育工作大局的同时，更应该结合学校的特殊实际情况开展工作，把以生为本的理念贯彻到心理工作体系中，而不仅仅是一句空洞的口号。部分高职院校的心理健康教育工作不能忽视服务育人功能，仅限于解决问题，基本做不到立足实际，面向长远。学生心理问题的产生源于很多因素，对症下药，药到病除，才能效果显著。

第四，心理健康教育保障机制不完善，经费投入不足。高职院校对心理健康教育的经费投入存在严重不足的现象，制约着心理健康教育工作的有效开展。学校的心理健康教育保障机制不完善，相关的经费投入不足，影响心理健康教育工作。高职院校心理健康教育工作的开展需要基本的场地、多媒体仪器等，这些都是心理工作的必要保障。部分高校忽视对心理健康教育保障机制的完善，也不能够有效地保障心理工作的实施。

（三）高职院校开展心理健康教育工作的意义

首先，实施心理健康教育是时代发展的必然要求。当今世界是一个不断变化和发展的世界，在科学技术的推动下，社会未来的发展趋势是非常迅猛的，人才在各个领域的竞争也更加严峻。对于大学生来说，新的社会环境提出了更高的要求，尤其是在心理健康层面上。21 世纪是不断发展和变化的社会，大学生心理素质的高低与否直接影响大学生在社会上的生存和发展。因此，对于高职院校对大学生开展心理健康教育工作是当代发展的必然要求，大学生接受心理健康教育可以增强自身的心理健康素养，同时对社会的发展具有积极地促进作用。

其次，改革职业教育的共同趋势之一就是实施心理健康教育。教育体制改革的不断深化，产生了职业教育。在当前的职业教育中，随着扩大招生的推进，高职院校在校大学生的人数越来越多，这也使得高校作为未来人才培养的基地，受到了社会上的广泛关注，因此，为了保证学生的健康成长，高职院校需要注重学生的心理健康教育工作，培养身心健全的高水平人才。

三、高职院校学生心理健康教育工作原则及方法

（一）高职院校学生心理健康教育工作原则

1. 科学性与实效性相结合

对于心理健康教育，一定要秉承科学性进行开展。第一，应该根据高职学生的心理发展规律和生理生长规律以及该年龄段的特点，让学生在学校得到充分的成长和发展。第二，在对学生进行心理健康教育的时候，应该遵循学科本身的教育规律，不能进行盲目的教育。例如，在进行心理健康课程的时候，应该以活动课为主，让学生了解心理学的相关知识，并让学生在活动中学会自我调节，养成积极的心理品质。对于这个阶段的学生，不能进行盲目的、学科式的心理学知识教学，这会给高职学生造成很大的心理压力，并且也没有办法调动学生的积极性和主动性，达不到很好的教学效果。第三，心理健康教育是一个具有很强系统性的、专业性的、科学性的工作，这就要求教师进行不断的学习和深造，在实践中检验相关的理论知识，提升教师自身的教育管理、专业素养以及心理辅导的能力和水平，只有这样才能在教学中顺利开展心理辅导，帮助学生走出困境。第四，

高职院校的管理人员和老师，应该加强对心理健康教育的研究，尤其是加强对高职学生的科学研究，为高职学生的心理预防和心理干预提供科学的、系统的理论依据，以此来指导高职院校心理教育的教学实践，解决当前的教育困境。

对于心理健康教育，应该以科学的原则为前提，高校应该立足于当前时代发展的前沿，做好顶层设计，不断创新方法和途径，立足于学生的发展，由此开辟一条独具特色的心理健康教育发展之路，不断提升学生的心理健康水平，解决学生的心理健康问题，促进学生的健康成长。

2. 发展性与预防性相结合

对于高职院校学生的心理健康教育来说，应该秉持着发展性的教育原则。高职院校的学生心理教育工作不能一直处于被动的地位，不能一直围着学生的心理问题进行解决，应该本着积极的心理学理念，让学生自身处于主体地位，将高职院校的心理教育工作落实到教育上。首先，高职院校可以对学生进行关于心理健康相关知识的宣传教育活动，让学生在宣传教育中明确心理健康的重要性；其次，鼓励学生积极参与校内外的比赛，积极参与课堂互动，在实践活动中培养积极的心理品质，比如，合作能力、谦虚品质、坚韧品质、乐观精神、自信和宽容品质等，让学生拥有平和的心态；最后，鼓励学生积极进行社会实践活动，遇到挫折时要积极地寻求解决问题的方法，在不断锻炼中提高解决问题的能力和应对问题的积极心理，以上这些是发展性心理健康教育的重要内容，对学生的个人成长具有积极的作用。

对于高职院校学生的心理健康教育来说，应该秉持着预防性的原则，在教育工作中要积极落实"治未病"的理念。任何一种心理疾病都应该注重心理预防，在平时做好心理预防可以有效减少学生心理疾病的发生频率和深度。鉴于此，高职院校应该在日常的教育教学中积极做好心理预防工作，为心理干预做好准备，不能在学生出现极端事件之后才进行挽救，避免出现"头痛医头""脚痛医脚"的工作模式。

3. 普遍性和特殊性相结合

对于高职院校学生的心理健康教育来说，应该秉持普遍性的原则。学校的全体学生是心理健康教育工作的对象，因此，应该积极关注每一位学生的心理健康状况，平等对待，一视同仁，对所有的学生提供力所能及的帮助和教育，针对学生群体中出现的普遍性的、共性的问题，要积极进行解决，帮助学生走上正轨。

对于高职院校学生的心理健康教育来说，应该秉持特殊性的原则。高等职业教育具有双重属性，既有高等教育的普遍性特点，同时还具有职业教育的特殊性。因此，对于高等职业教育来说，是不能将本科院校的心理健康教育教学模式直接照搬过来的。虽然对于高职院校的学生来说，他们具有共同的时代特点，但是具体到每一个学生来说，都是特殊的，有着自身独特的特点。根据高职院校的实际情况，应该开展有针对性的、对于不同年级、不同群体的学生进行不同的心理健康教育教学，对各个年级的心理教学应该以该阶段的心理发展规律为依据进行教学。与此同时，高职院校也应该因材施教，对每个学生的具体问题进行具体的分析，同时对学生进行有针对性的、个性化的辅导。

（二）高职院校学生心理健康教育工作方法

就当代的高职大学生而言，面临着之前很多没有出现过的问题，这导致学生有着普遍性压力。在毕业季最为突出的问题就是就业问题，面对严峻的就业形势，很多学生承受着巨大的心理压力，造成了毕业生群体有着普遍的心理困扰。就综合素质来说，相较于本科毕业生，部分高职毕业生综合素质不高，因此，在就业竞争中处于弱势地位，没有竞争优势，这也会使高职院校大学生在日常的生活中面临很多的问题和心理压力。高职大学生的这种心理压力并非孤立，其是和社会与家庭有着紧密联系的。因而，针对当前高职大学生所出现的一系列问题和困扰，积极开展有效的大学生心理健康活动已成为各大高校教学的重点之一。同时，综合考虑社会因素和家庭因素，要加强彼此之间的联系，并从多个方面进行解决。每个人都是不能脱离社会而存在的，是生活在社会大环境之中的。高职学生也生活在社会中，属于社会中的一部分，因此，社会因素和家庭因素必不可免会对高职大学生产生影响。对于高职大学生来说，其心理健康状况的结果是一个社会、家庭、个人综合作用的结果，造成这个结果的每一个因素都是不可以轻视的。要想促进高职院校大学生的心理健康教育工作的顺利开展和推进，使这项工作可以顺利完成，需要社会、父母、老师以及学生自己通过努力才能完成。

1.优化高职大学生心理健康教育社会大环境

高职院校也是社会中的一分子，学校并不是孤立存在的，社会对学校有着很大的反制作用，学生作为高职院校中的重要组成，同时也是社会环境中的一分子，因此，必然会受到影响。当今社会中有着越来越大的竞争压力，学生在这个阶段有着非常强烈的表现欲望，有着较强的参与意识，他们渴望通过参与各种活动来实现自身的价值。但是这些活动对于高职大学生来说会是一个重大的考验，高职学生很容易在考试失利、择业就业失败、评奖落选等情况下产生消极的、悲观的心理和思想，长期以往会使大学生对自我产生深深的怀疑。尽管从知识层面上来说，高职大学生的整体水平较高，但是这一阶段大学生的心理并不成熟。在当代社会中，随着经济的快速发展，社会中存在着很多的矛盾，社会中充斥着享乐至上、金钱至上、个人至上等不良的价值取向，这些都影响着高职院校中应变能力不强的学生。具体表现为：对政治活动不关心、不认同艰苦奋斗的思想和勤俭节约的思想、不关注马列主义、共产主义理想和信念等，追求享乐，追求功利。鉴于此，需要优化高职大学生所处的社会大环境，保证为大学生提供一个良好的心理健康教育环境，这具有非常重要的意义。

2. 发挥家庭在心理健康教育方面的重要职能

每个人的成长都会受到很多因素的影响，在个人成长过程中，家庭因素有着重要的影响和作用。每个人对于客观事物的了解始于父母的言行举止，家庭环境影响着人们对于客观事物的了解和认知方式。在进入学校之前，高职院校的学生们一直受到家庭环境的影响较大，学校教育也不可能脱身于家庭教育而孤立的存在。学校教育如果缺乏家庭教育的支持，那么即使有再好的教育质量，也很难有显著的成效。与此同时，在学生的求学生涯中，家庭是学生主要的精神支柱和经济支柱，因此，家庭对于学生的价值观、世界观、人生观都有着重要的影响，不可避免的，家庭因素也会影响、启发学生未来的就业观、择业观。对于学生来说，家庭的背景对于学生未来的职业发展有着或多或少的影响，教育行为的效果也受到父母对于孩子的态度影响。基于此，高职院校应该积极与学生家长进行沟通和交流，对于学生的就业以及创业，引导家长进行鼓励与支持，让学生在就业和创业的过程中满怀信心、满怀激情与热情。作为学生的父母有责任配合高职院校对学生的心理健康进行疏导。

家庭心理氛围存在于家庭中，存在于一个较为特殊的环境中，并非是孤立存在的。家庭心理氛围主要是从家长的情绪出发，家庭的物质条件、人际关系、文化品位、生活习惯等会对其产生综合影响。每个家庭都是独一无二的，是具有个性化的，因此，有着不同的家庭氛围和家庭情调。在家庭氛围较好的家庭中，家长与孩子互相尊重，彼此理解与沟通，学生可以在这样的家庭中得到更多的爱。由此可见，在心理氛围的营造中，家长情绪的好坏有着决定作用。

3. 以积极的心理辅导方式促进学生心理健康

进行心理辅导的主要作用在于明确自身的个性差异，因此，要对学生开展具有针对性和个性化的教学，发挥每个人的长处，并帮助学生找到适合的职业及职业规划设计，追求自己的幸福生活。

在当前的高职院校心理健康教育工作中，常用的辅导方式是心理辅导和心理咨询两种个体的辅导方式。高职院校的心理健康教育工作的侧重点在于对心理有问题的学生进行心理疏导和消除心理疾病。当前大学生的心理承受能力普遍较差，学生可以通过当时的心理咨询活动满足当时的心理需求，解决当时遇到的问题，但是当遇到新的问题的时候，还会继续求助于心理咨询，并没有对自己心理进行调节的能力。所以在积极心理学中认为，要想真正地对心理问题进行预防，应该对个体自身的闪光点和积极力量进行挖掘和发现，对自身内心的平衡进行调节，不能只抓住个体自身的弱点和缺陷，只有这样才能真正解决学生的心理问题，预防心理疾病的发生。

积极心理学对于积极意义的寻找主要从两个方面来入手：一方面，是找出产生问题的根源；另一方面，是根据问题的本身去寻找个人积极的体验，并以此为基础来增强个体内在的、自身的积极力量，通过积极力量化解消极问题。因此，高校要想真正推进学生的心理健康教育工作，应该将重点放在培养学生自身的积极力量上，高校对于学生的帮助可以通过咨询的方式以及积极地辅导来解决大学生遇到的问题，引导大学生不断丰富人生体验。为了更好地提高大学生的自我认知能力和自我教育能力，高校可以通过开展积极的辅导和咨询工作，与学生进行深入的、有针对性的沟通，在此基础上不断提高学生的认知能力和水平，让学生建立起积极的自我认识，保持积极乐观向上的心态，不断扩大自身的视野，以解决自身的心理问题。高职院校可以帮助学生激发起积极的情感能力，让学生对自身的积极潜力进行挖掘，对自身的积极经验进行回忆，在这个过程中收获成功和成长带给自身的喜悦与成就，只有这样，学生才会学会自我欣赏、自我挖掘，对于产生心理问题的大学生，也能在不断的自我完善中解决自身的心理问题，并获得自我恢复。

　　只关注个体身上的不足和缺点，在积极心理学看来是不能有很好的预防作用的，要想解决学生个体自身的心理问题，需要借助学生自身的积极力量，充分发挥自身的潜能，要相信学生具有可以自愈的能力，相信学生具有可以积极构建心理状态的能力。高职院校的心理干预应该将侧重点放在挖掘学生自身的积极品质上，引导和鼓励学生借助自己内在具有的相对完善的塑造能力，对各种心理问题进行预防。例如，培养大学生受到挫折的能力、面对巨大压力的承受能力、自我调节和自我适应的能力，通过对积极的事例进行分析，并以模拟的方式进行练习，不断提高学生的自我调节能力。只有这样，学生在面对各种挫折和困难的时候，才能以积极的心态去面对，并对各种心理问题进行预防和解决。

第四章　高职院校学生管理工作模式研究

高职院校学生管理是学校管理的重要组成部分。本章为高职院校学生管理工作模式研究，依次介绍了高职院校学生管理工作概述、高职院校学生管理工作队伍建设、校企合作模式下的高职院校学生管理、网络模式下的高职院校学生管理四个方面的内容。

第一节　高职院校学生管理工作概述

一、高职院校学生管理工作概念分析

所谓的高职院校学生管理工作，其实就是指各个高等职业学校针对本学校的学生进行的一系列管理工作。在高职院校学生管理工作中，一般来讲，教职员工是管理者，学生是被管理者。管理的内容就是从学生入学到毕业期间在学校的各项事务。在高职院校中，有关学生的管理工作，实际上已经形成了相应的管理体系，学生的每项事务都由相应的管理部门进行管理。比如，新生入学的管理工作由招生办负责；学生事务的处理由学生处负责；毕业生的就业问题由就业办负责等。

在实际中，高职院校学生的管理工作很纷杂，涉及方方面面。无论是学生的身心健康，还是安全出行，无论是学生的思想道德教育，还是行为规范，无论是学生的日常学习，还是实习就业等，都是值得教师关注的重要方面。

在学校管理工作中，高职院校学生管理工作属于其重要的一部分，拥有十分深刻的内涵。具体来讲：第一，高职院校学生管理工作需要研究管理对象，也就是高职院校的学生，内部因素，如学生的生理和心理特征，以及知识和能力结构、

兴趣爱好等，外部因素，如社会氛围等，都会影响到学生的发展。从这个层面来说，教师十分有必要去掌握学生的思想变化和教育管理的规律。第二，高职院校学生管理工作需要培养管理者，也就是学校中开展学生工作的专职人员，管理者自身的文化修养、理论知识、业务素质等都会影响管理者的管理能力。可见对管理者进行素质培养和队伍建设也是十分有必要的。第三，高职院校学生管理工作还要研究学生管理的机制、原则、方法等。另外，还包括学生在学习、生活，或者是进行课外活动时的一些管理目标、原则和政策。

高职院校学生管理是一项教育工作，它具有教育科学所包含的规律，同时也是一项具体的管理工作，也具有管理科学所包含的规律。大学生管理是高等教育学和管理学交叉结合产生的一门综合性应用学科，它同所有的管理科学一样，研究的主题是效率，具体研究的课题是大学生管理的效率——最有效地达到大学生的培养目标。中国大学生管理，就是要寻求按照党和国家的教育方针，实现培养德、智、体诸方面发展的专门人才的最佳方案，最佳计划、决策，最佳管理体制、组织机构，最佳操作程序，在对大学生进行严格管理的过程中，要正确处理以下两种关系：

第一，学生管理与规章制度的关系。高职院校学生管理要通过制定并实施必要的规章制度来实现。教育部根据党和政府的教育方针、青年大学生成长的特点以及长期以来的工作经验，制定了《普通高等学校学生管理规定》，这是对大学生进行科学管理的一个基本的法规性文件。各高职院校也结合自己的实际情况，整章建制，制定了一系列的规章制度。学生管理的实践反过来又丰富了规章制度的内容，使之更全面化、科学化。

第二，学生管理与思想政治教育的关系。在强调管理工作重要意义的同时，也不能忽视对学生进行思想政治教育。在实际中，思想政治教育与学生管理之间是同等重要的，只重视思想政治教育而忽视制度管理，或者只重视严格管理而忽视思想政治教育，都是存在片面性的，都是不可取的。因为管理也是教育的一种手段，教育又能保证管理的推行和实施，所以只有把严格管理与思想政治教育有机结合起来，才能使学校工作真正走上井然有序的轨道。

二、高职院校学生管理工作原则与任务

（一）高职院校学生管理工作原则

1. 实际性原则

要想使得高职院校学生管理工作顺利进行，首先，要坚持的原则就是实事求是，一切从实际出发。这就要求管理者在进行管理的时候，一方面，要将学校的实际情况考虑在内，另一方面，还要充分考虑学生的实际情况。在对学校和学生的实际情况进行了解之后，再进行组织机构的建设和设置。其次，在进行学生管理目标设定的时候，也要同时考虑学校和学生两个方面的实际情况。只有这样才能既管理好学生，又能为学校学生管理模式的发展寻求一条正确的道路。总而言之，从学生的实际出发，并对学生进行针对性的管理。

2. 制度化原则

高职院校学生管理工作的顺利进行还离不开对制度化原则的坚持。制度化原则其实就是指学生工作管理者在开展工作的时候，要在遵守国家相关法律规定的前提下制定适合本校实际情况的规章制度。因此，可以说制度化原则是学校在进行学生工作管理中，提高管理效率以及进行规范管理的必然要求。要想使高职院校学生工作管理有章可循，就需要学校进行制度化管理，也只有这样，才能推动高职院校学生管理工作向着更加合理化、科学化的方向发展。

3. 服务性原则

高职院校学生管理工作从本质上说是服务于学生的管理工作，并处理学生在学校期间的各项事务。因此，可以说高职院校学生管理工作是具有一定的服务性质，应该坚持服务育人的理念。在日常的管理工作中坚持服务性原则就是从学生的实际出发，并以学生为落脚点。这就要求管理者要将学生看作是管理工作者的主体，一切都是以学生为中心的。

（二）高职院校学生管理工作任务

高职院校学生管理工作的基本任务，不仅包括研究学生管理学的相关体系，即研究高职院校学生管理工作与活动的知识系统理论，而且更重要的是这种研究必须着眼于寻求学生管理工作本身所蕴含的特殊矛盾，领悟和把握学生管理工作

的运行规律，以更好地运用于学生管理工作的实践之中，有力地推动高职院校学生管理工作。高职院校学生管理工作的主要任务有以下几个方面：

（1）坚持马克思主义关于人的全面发展理论和党关于全面建设小康社会时期的教育方针，贯彻党的基本路线，以马克思主义、毛泽东思想、邓小平理论和"三个代表"重要思想、科学发展观及习近平新时代中国特色社会主义思想为指导，以马克思主义哲学原理为方法论，认真贯彻落实新的《普通高等学校学生管理规定》，遵循党的教育方针和学校的培养目标，为培养全面发展的高素质的人才服务。

（2）系统总结我国高职院校学生管理工作的经验和教训。学生管理是一种既古老又年轻的社会现象，它伴随学校的产生而产生，有着悠久的历史传统和崭新的时代内容。

（3）批判地继承历史上的高职院校学生管理工作遗产，借鉴国外学生管理工作的经验，吸纳教育学、社会学、政治学、青年心理学、系统管理学、文化学等相关学科的知识理论，构建具有中国特色的、符合时代精神的高职院校学生管理模式。中国是一个历史悠久的文明古国，先辈们在学生教育和管理中积累了丰富的经验，这是宝贵的历史文化遗产，应当批判地继承，做到古为今用。同时，还应大胆借鉴国外高职院校的学生管理工作经验，去粗取精、去伪存真、融会提炼、博采众长，做到洋为中用。这样才能构建起具有中国特色的高职院校学生管理理论体系，并以此来指导实践，形成高效的、有益于大学生身心健康成长和成才的学生管理模式。

（4）加强科学研究，注重实践探索，不断发展高职院校学生管理工作的理论体系，推动高职院校学生管理工作模式健康运行。尽管学生管理工作有着丰富宝贵的实践经验和悠久的历史传统，但就总体情况而言，它与不断发展的中国特色社会主义的形势和发展趋势还存在着某些不适应，还面临着许多亟待解决的问题，无论是从理论要求上，还是从实践需求上，都需要科学化、理论化、法制化、人性化等诸方面的规范。因此，作为学生管理工作者，必须加强学生管理工作的科学研究，大胆探索，不断创新，切实把握新时期学生管理面临的新问题、新内容和新特点，努力用新方法和新思路去适应学生管理的新规律和新形势，使学生管理的理论与方式与时俱进，不断丰富和完善。

（5）以理论创新推动实践创新，促进学生管理工作的科学化、法制化和人本化。如何体现其管理制度的科学化、法制化和人本化，这是一个理论研究的问题，不仅需要研究法律与青年学的相关理论，还需要研究管理学方面的理论，同时更应注重将管理学、法律学、青年学有机结合起来，形成理论上的创新，从而推动实践创新。因为，大学生的管理不是一般的管理，而是一种对青年的管理，这种管理是要将这些有着一定知识的青年培养成德、智、体、美、劳全面发展的人才的管理，换言之，这种管理的最高宗旨是要促进学生全面发展，使其成为国家的建设者和接班人。这就使学生管理工作牵涉到一系列的理论研究与实践探索，是现实交给学生管理工作者的光荣而艰巨的任务。

三、高职院校学生管理工作现状

（一）高职院校学生管理工作难点

1. 学生素质差异大

高职院校中所招收的学生情况之间存在很大的差异，从整体上来看，综合能力偏低。具体来说，高职院校的学生一部分来自高中学生，一部分来自中等专科学校的学生。其中高中毕业生一般是在没有达到本科院校分数线的情况下才会选择高等职业院校；而另一部分来自中等职业院校的学生，虽然有一定的专业技术能力，但是文化课基础薄弱。因此，进入高等职业院校的学生在入学前的学习生涯中并没有养成良好的学习习惯，不仅如此，由于学生来源复杂，学生的个人品德素养方面也参差不齐。正是由于这个原因，使得高职院校学生管理工作存在一定的难点。

2. 实践管理难度大

高职院校肩负着培养专业技术人员的重任，在这个过程中，我们可以发现理论课与实践课的课时比已经达到了 1：1。通常情况下，高职院校在学生入学的第一年开始就进行一些实训课、实践课的训练，不仅如此，还会组织学生到企业参观、实习，使学生切身体验与其所学知识密切相关的实际岗位的工作。在这个过程中，由于学生数量庞大，实践活动也比较多样，因此，管理者对学生开展实践管理的难度还是比较大的，需要专门的代教老师对学生进行实践活动的组织。

3. 管理事务内容杂

在高职院校中，关于学生管理的工作，包含的内容比较多而且复杂，其中涉及的方面和环节也比较多，事关学生的切身利益，任何一方面或者任何一个环节出错都是不允许的，要想避免这样的问题，就需要高职院校的各部门之间来进行良好的配合。与此同时，也需要学生主动遵循学校相关制度，按照学校的管理要求开展学习、生活和实践。高职院校学生管理工作是一个复杂的过程，在这个纷杂的过程中，难免会存在一些疏漏，进而使学生管理工作出现一些问题，这个时候，为了使学生素质和能力共同发展，就需要管理者对一些事务的轻重缓急进行把握。

（二）高职院校学生管理工作困境

1. 管理机制与教育理念

高职院校的学生，由于综合素质能力偏低，文化课基础薄弱，因此与一般本科院校的学生相比，在学习能力和理解能力方面还是存在一定程度的不足。除此之外，还有一些学生本身学习很优秀，但是因为高考没有发挥好，导致没有达到本科院校的分数线而只能进入高职院校，这部分学生在进入高职院校后会感觉无比懊恼，再加上处于这个年龄段的学生正处于叛逆期，因此，学生的心理承受能力较差。另外，就我国的高职院校发展来看，起步较晚，并且大部分是由原来的中职院校发展而来，一些高职院校仍沿用了之前的管理模式，缺乏灵活性。

2. 管理工作与社会需求

目前，高职院校教学的重点仍然是对学生进行专业课程的传授，当然，这一点不能说是不对，因为毕竟学生的提高要在对自身专业课程进行掌握的基础上，但是部分高职院校只注重专业课程的教授，对学生管理工作的内涵认识有明显的不足。

首先，随着社会、经济、科技的发展，学生管理目标早已不再局限于专业水平的提高上面，对于学生的综合素质和道德水准的提高也是学生管理工作目标之一。在实际中，部分高职院校的学生管理工作人员一般都是非师范专业毕业后被直接分配到学校的学生管理岗位的，他们还不能清晰地认识学生管理工作的内涵，再加上这些学生管理人员很少有机会外出交流，也就没有机会学习一些先进的管理经验。从而根本无法有针对性的开展学生管理工作，也很难将学生的综合素质从根本上进行提高。

其次，还有部分院校中，从事学生管理工作的是专业的教师，他们虽然是师范学校毕业，但是仍旧缺乏管理经验。作为教师，他们关注的还是对学生专业知识的传授。对于学生思想政治教育和素质教育等缺乏足够的重视。在日常中对学生不能进行思政教育、素质教育和专业教育相结合，因此，对于学生来说，平时知道要遵守学校的规章制度，但是却不能主动按照一些道德水准来对自己的行为进行约束。

从社会需求的层面来讲，高职院校的学生管理工作同样存在困境。目前，高职院校在人才培养方面，对学生专业培养水平存在严重的不足。在实际的教学实践中，高职院校更多的是以理论知识作为教育的内容，缺乏实践。在教师方面，很少有在企业找有工作经验的教师，因此在授课时，教师只是传授理论，无法将其结合自己的实践经验，而学生也只能跟随教师从书本上学习一些理论知识，缺乏对企业实践工作的理解，在这样的教学模式下，高职院校培养的人才的专业水平是无法满足社会需求的。

四、高职院校学生管理工作现状原因分析

（一）环境因素

目前，随着全球化的加深，国际间社会、经济、文化交流的逐渐频繁，我国面对社会主义制度文化和西方文化所构成的复杂的文化背景，开始了社会转型期。我国社会转型从本质上讲，是从传统的农业社会转为现代化的工业社会；是从传统的封闭社会转为现代开放社会；在这期间必定充斥着东西文化的交融与碰撞。教育不可能脱离社会物质生产的需要而发展。社会发展丰富了教育资源，改善了教育条件，提高了教育水平，顺应了时代发展的需要，高等教育进入由精英教育向大众教育转变的阶段。一方面，急速扩招在满足大众接受高等教育需要的同时，加重了高职院校自身的负担，造成师资的严重紧缺；另一方面，教育的时滞效应决定了教育改革从开始实施到完成是一个渐进的过程，人的成长、成才亦需要一定的时间。因此，不可避免地会出现社会物质生产的急剧变化与教育变革滞后之间的矛盾。

（二）人的因素

随着科技的进步，网络的普及，尤其是信息技术的迅猛发展，目前，学生获取信息的渠道不断扩大，互联网的信息传输速度的增快、信息数据的庞大，使得学生获取信息更加便捷，更加全面。这就导致学生的思想也发生了一些改变，逐渐由单一化转为多元化，由封闭僵化转为开放活跃。

网络上的信息纷杂，难免存在一些畸形的价值观念，高职学生正处于青春期，思想发展不稳定，心理机能不完善，缺乏道德判断能力，再加上社会经验少等原因，极易受到不良思想的侵蚀。另外，由于这个年龄阶段的学生具有较大的随意性和可变性，他们在面对多元化的价值观念的时候，根本无法进行清晰、正确的判断，从而在进行价值评价和价值选择的时候出现迷茫困惑。在这种情况下，他们的思维方式就容易出现偏颇，面对这样的情况，高职院校的学生管理工作难度就会加大。

五、高职院校学生管理工作的创新

（一）加强思想政治教育

高职院校要想顺利推行素质教育的理念，从学校领导和教师层面来讲，就要提高自身对素质教育的认识，端正自身对待素质教育的态度，只有这样才能切实贯彻国家关于素质教育的相关政策，除此之外，在贯彻落实的过程中，学校还要根据学生管理工作的现实情况，不断优化自身的相关制度，寻找到适合本学校的管理模式。高职院校的学生正处于青春期，缺乏社会经验，但对整个世界又充满了好奇，容易偏信不良思想而误入歧途。因此，对学生进行思想政治教育是比较迫切的事情。

（二）重视积极引导

高职院校的学生在经历了高职教育之后，即将走入社会。因此，帮助学生明确自身的发展目标，也是高职院校学生管理工作的一项重要任务，学校应该帮助学生确立好发展目标，为学生今后的职业发展做好铺垫。在这个过程中，教师的引导起着重要的作用，教师在日常教育工作中，要重视对学生进行职业生涯教育，这样可以帮助学生在未来的工作中能够更好地面对挑战。

（三）加强学生心理健康教育工作

随着互联网的发展，大数据技术的出现，我们在了解学生的心理发展情况方面有了更方便、更快捷的途径，而随着对学生心理状况了解的不断加深，学生心理健康教育也越来越受到各界的关注。高职院校是学生接受教育的最直接的途径，校内的管理者和教师是对学生进行心理健康教育的主体队伍，因此，更加要不断提升自身的综合能力，还可以利用大数据技术，了解学生的心理状况，通过互联网丰富的资源，对学生进行心理健康教育，帮助学生树立正确的思想，培养具有较强综合素养的人才。

高职院校的学生正处于青春期，心智还不成熟，尚处于发展中，在这种情况下，就特别容易受到外界因素的干扰。为了使学生能够健康成长，学校层面应制定相关的规章制度对学生的行为进行约束，教师则是学生日常生活、学习最直接的接触者，因此，教师应该在对学生的日常管理中将思想教育工作融入其中。通过互联网丰富的资源，或者借助现代化信息技术等，帮助学生树立正确的价值观、人生观和世界观，让学生能够端正自己的学习态度，为了自己的全面发展而奋斗，做好迎接新时代发展重任的准备。

（四）提高管理效率

人类进入 21 世纪之后，科学技术突飞猛进，取得了前所未有的成就。网络信息技术不断发展、新型的媒体不断出现，这些都为学生的管理工作带来了优势。因此，在这样的背景下，学校要从本校以及本校学生的实际出发，寻求适合管理的办法，促进学生管理工作的顺利进行。

1. 团队式工作模式

目前，高职院校的学生管理工作往往以团队建设的方式进行分模块开展。具体来讲，学生工作涉及很多方面，分模块工作就是根据学生在校的心理需求、宿舍生活、勤工俭学、思想转变、就业方向、网络使用等实际情况，分为不同的管理级别。最高级的管理者负责日常工作的总体规划，与学生具体接触的事务则是由中级的管理者负责；最后就是初级的管理者，其职责就是落实基础的工作。在当今新媒体迅速发展的时代，管理工作的开展必须依托现代多媒体平台，加强与学生的互动，具体的工作要求必须以视频的形式展现。如此一来，学生可以随时关注校内公众平台，了解相关动态。如果学生在学习过程中遇到问题，也可以通过线上咨询及时解决自己遇到的问题。

2. 一站式学生管理模式

为学生提供集中式的服务，一站式管理也是目前效果较为显著的工作方式。由管理者牵头组织部分人员共同完成大众服务工作，借助信息媒体的作用，提供全面的服务。具体的实施内容包括，日常管理、生活服务、社团组织申报，后勤保障等相关事宜，都可借助网络完成。此外，该线上平台可随时反馈工作情况，为学生提供更加全方位的服务。

3. 三位一体管理网络

作为一名学生，其主要的学习和生活的场所就是学校和家庭，因此，在对学生进行教育时，除了注重学校教育以外，还要注重家庭教育，充分利用网络资源。当前的学生管理需要借助多媒体信息系统，加强家校互动，真正实现共同育人。通过家校互动，学校可以通过家长了解学生的情况，家长也可以随时关注学校平台了解学生在学校的表现。从而共同做好维护校风、关爱学生、教书育人等工作，为学生营造良好的学习氛围。

家长与学校的互动越密切，学校的学生工作管理者就越能了解每个学生的家庭情况，家长也可以时刻关注学生的学习成绩，为学校做好教育工作提供良好的支持。为提高学校教学水平，高职教育应积极与社会合作，利用社会优质资源提高人才培养效率。借助大数据等现代化技术，加强宣传教育，加速信息共享，促进家庭、学校和社会三方联合，共同完成人才培养任务。

第二节　高职院校学生管理工作队伍建设

一、高职院校辅导员工作与队伍建设

（一）辅导员的工作定位

在大学生教育与管理工作中，辅导员的职责范围广泛，涵盖与大学生有关的各项工作，包括：思想教育、品德教育、日常事务管理、学生学习成长与培养、心理疏导、心理健康教育等。因此，明确辅导员的职业定位十分重要：第一，有利于更好地发挥辅导员在大学生思想政治教育中的作用；第二，能够营造全员育人的局面；第三，有利于为加强大学生思想政治教育提供组织保证。

在专业院校中，教职工在开展大学生思想政治教育工作中都肩负着重要的责任。教师要提高师德和业务水平，为人师表、爱岗敬业，让自己良好的思想政治素质和道德作风来对学生产生影响，实现"身教"的作用。学校管理工作要体现育人导向，把严格日常管理与引导大学生遵纪守法、养成良好行为习惯结合起来。后勤服务人员要努力搞好后勤保障，为大学生办实事、办好事，使大学生在优质服务中受到感染和教育。辅导员作为教师队伍和管理队伍的重要组成部分，作为在一线开展大学生思想政治教育的骨干力量，要注意与其他队伍相互配合、协同工作，形成大学生思想政治教育的合力。

教育要以育人为本，学生是思想政治教育的主体。要充分认识学生在思想政治教育中的主体地位，充分发挥学生在思想政治教育中的主体作用，这是决定大学生日常思想政治工作成败的关键。对于这个问题，所有的辅导员都要提高认识、统一思想。辅导员要领导学生和组织学生开展教育活动，充分发挥学生的内在积极性，激发他们的内在动力，引导他们健康成长与成才；要积极服务于学生的学习和生活，为其提供相应的咨询和指导，创造相应的便利条件；在工作方式上要充分依靠学生，注意发挥学生党支部、班委会、团支部等学生基层组织的政治优势和组织优势，充分调动和发挥每一位学生干部和学生的积极性、主动性。辅导员是教育者，也是受教育者，要和自己的学生打成一片、融为一体，还要在教育过程中发挥自己的组织、协调和指导作用，更要让学生在教育过程中唱主角、当主体。

（二）辅导员的主要工作职责

在《普通高等学校辅导员队伍建设规定》中，对辅导员的主要工作职责进行了明确规定，主要可以概括为以下几个方面：

1.要做好日常思想政治教育工作

辅导员在高职院校学生工作管理中的角色是基层指挥员，因此，辅导员要利用自身特殊的组织优势和政治优势，结合班主任、学生干部等各方面的力量，组织学生在日常中进行思想政治教育；要指导学生党支部和班委会建设，做好学生骨干培养工作，激发学生在教育过程中的积极性、主动性；要围绕理想信念教育、爱国主义教育、公民道德教育、素质教育等方面的任务要求，动员、指导和组织学生开展形式多样的教育活动；要依照校规校纪等，加强对学生的日常管理；要了解和掌握大学生思想政治状况，针对大学生关心的热点、焦点问题，及时进行教育和引导，尽量把矛盾和冲突等不和谐因素消灭在萌芽状态，维护好校园的安全和稳定。

2. 要做好服务育人工作

思想政治教育既要教育人、引导人，又要关心人、帮助人。辅导员要为大学生的成长、成才服务好。要具体落实好对经济困难大学生资助的有关工作，组织好大学生勤工助学，积极帮助经济困难的大学生完成学业。要积极开展就业指导和服务工作，为大学生提供高效优质的就业指导和信息服务，帮助大学生树立正确的就业观念，引导毕业生到基层、到西部、到祖国最需要的地方建功立业。总之，就是要通过辅导员的服务育人，使大学生深切感受到党和政府的关怀。

3. 要开展深入细致的思想政治工作和心理健康教育

要经常性地开展谈心活动，有针对性地帮助大学生处理好学习成才、择业交友、健康生活等方面的具体问题，解惑释疑，疏导情绪，提高大学生的思想认识和精神境界。要结合大学生的身心发展特点，引导大学生养成良好的心理品质和自尊、自爱、自律、自强的优良品格，增强大学生克服困难、经受考验、承受挫折的能力。总之，要坚持一把钥匙开一把锁，做到春雨润物，立德树人。

（三）高职院校辅导员工作队伍体系建设

1. 全面构建辅导员队伍制度体系

第一，在整体性的制度设计中，要体现促进辅导员科学化发展的思路，按照辅导员的职责和定位，在选聘、任用、管理、教育、培养和发展等各个方面，切实采取有效措施，优化辅导员结构，强化政治属性和教育功能，科学地构建辅导员队伍建设的制度性框架。第二，在系统性的机制探索中，要体现统筹兼顾的原则，增强机制改革创新的勇气和毅力，兼顾现实条件和各方需求，着眼于可持续发展的前瞻性思考，建立健全辅导员队伍组织机制、培养机制、管理机制、考核机制和激励机制等，逐步建立健全辅导员队伍组织体系、管理体系和培养体系，进而通过采取有力措施，有效调动广大辅导员的积极性，切实为深入推动高职院校辅导员队伍建设提供有力的制度保证。第三，在全面规划中，要秉承以人为本的理念，着眼于促进辅导员全面发展的目标，激发辅导员主体意识，征求辅导员发展需求和建议，增进思想沟通和达成情感共鸣，研究辅导员队伍分阶段、分层培养的可行性方案，以进一步促进辅导员科学发展。

2. 系统构建辅导员队伍培养体系

一方面，系统研究培训内容，要积极构建辅导员培训体系，重点加强培训内容的针对性、培训设计的系统性和培训方式的吸引力，着力提升辅导员专题培训的质量。其一，在德育内涵的专题培训中，重点要结合大学生关注的理论问题和现实问题，组织开展生涯规划教育、实践教育和创新教育体系的专题培训，提升辅导员解惑释疑的育人能力；其二，在德育工作方式方法的培训中，要重点结合案例，梳理辅导员工作的有效方法，并结合案例分析提升思政教育针对性和有效性的创新路径；其三，在学生事务管理培训中，要针对大学生特点、结合大学生成长困惑和成长问题，加强心理咨询和生涯发展的专业培养，帮助辅导员掌握心理沟通方法、团队训练方法和激励管理方法，把握解惑释疑和疏导情绪的工作艺术，探讨在事务管理中将解决学生实际困难与解决学生思想困惑结合起来的方式方法，促进辅导员由事务型转向专业化、职业化发展，成为大学生健康成长的指导者和引路人。

另一方面，依托马克思主义学科建设，积极构建辅导员工作的研究机制，着力提升辅导员的育人能力。针对创新人才培养的需求，要组织开展辅导员德育创新专项课题研究。其一，帮助辅导员掌握学生思想动态的研究方法，深入研究大学生群体特点与大学生思想政治教育工作方式的创新；其二，深入研究日常思想政治教育工作的规律，引导辅导员思考如何在日常思想政治教育、主题教育、事务管理、心理健康教育和创新实践工作中体现育人内涵，还要研究促进大中小学德育衔接的内涵体系，努力提升辅导员的理论研究能力、案例分析能力、写作调研能力和语言表达能力。

3. 科学构建辅导员队伍的发展体系

在新时期，分析辅导员发展状况，针对辅导员能力提升的要求与个性发展的需求，需要推动辅导员多样化发展。但是在实践中，当遇到了有关人事制度、人才培养体制机制、资源等"瓶颈"时，我们借鉴相关人力资源开放的经验，形成了破解辅导员多样化发展"瓶颈"的思路。

一方面，通过开放创新培养机制，促进辅导员多样化发展。要尝试以构建人力资源配置机制为突破口，突破队伍建设的资源"瓶颈"，获取资源整合与协同合作的机会，探索建立辅导员与校内专业教师、党政管理干部的交流机制，把辅导员队伍作为学校青年后备干部、党政管理干部、学科专业骨干培养的重要来源。另一方面，通过试点创新培养平台。探索拔尖人才的培养路径，开展辅导员拔尖人才培养的试点，及时总结培养经验，不断在动态中优化辅导员结构。探索建立专职辅导员与社会岗位之间的双向交流机制，为辅导员提供到党政机关、企事业单位、社会团体挂职锻炼和学习考察的土壤和机会，以及为辅导员队伍搭建社会专门人才交流的通道，积极探索辅导员多样化发展的可行路径。

应对挑战，把握新的机遇，在辅导员队伍建设的总体思路基础上，要按照"政治强、业务精、纪律严、作风正"的要求，着力推进制度建设，统筹考虑队伍的稳定性和流动性。其一，要建设一支有稳定骨干力量、专兼结合、动态平衡的辅导员队伍，需要建立健全辅导员聘用制度、培养制度、管理制度、考核制度和优出制度，切实采取有效措施，提高辅导员的政治素质、专业水平和职业能力。其二，要切实改变辅导员工作临时性、过渡性的被动态势，需要做好辅导员队伍的职业生涯规划，更好地激发辅导员工作的积极性。结合专业背景和综合素质，引导他们将个人前途与队伍建设的整体目标结合起来，增强辅导员的职业认同感和归属感，并为每一位辅导员制订职业生涯发展规划。其三，科学构建辅导员发展体系还需扎根实践，以创新的精神和改革的勇气，积极推动辅导员队伍建设的科学化构架、专业化培养和多样化发展的进程。

二、高职院校学生干部队伍建设

（一）高职院校学生干部队伍的地位与作用

高职院校学生干部是各级学生组织的骨干力量，是学生中的优秀分子。由于他们的特殊身份，在维护学校正常教学管理秩序、推动校园文化建设方面发挥着老师和普通同学不可替代的作用。既能保证学校各项日常管理事务的正常执行，又能充分发挥学生自我管理的能动性。同样，高职院校学生干部队伍是学校与学生的桥梁和纽带，是高职院校各级学生组织的核心力量，是学生自我教育、自我管理、自我服务的重要力量，是学校就业工作和校友工作持续发展的积极促进者，是学生群体中的佼佼者，是学生工作队伍的重要组成部分。

高职院校学生干部队伍是学校与学生的桥梁和纽带，承担着上情下达和下情上传的作用。他们既把学校对学生工作的要求、意见、对学生的期望、希望学生了解的重大事件以及相关政策等以学生易于接受的方式传达给其他同学，又将学生中存在的问题、对教学管理等方面的意见和建议汇报给教师，使得学校能够及时准确地了解学生情况，有的放矢地解决学生反映的问题。他们积极参与学校相关制度政策的制定工作，又以积极的行动维护制度的落实，能够有效地缓解学生工作中教师的压力，并提高学生工作的效率，更好地服务学生的成长成才。

高职院校学生干部是学生自我教育、自我管理、自我服务的重要力量之一。高职院校与社会结合得非常紧密，它既承担着学生知识与技能的传授功能，以及学生思想政治教育的职责，又要积极开展实践育人工作，为学生走向社会做好充足的准备工作，发挥着学生走向社会的"缓冲带"作用。作为接受高等职业教育的多数学子而言，需要做的主要工作就是为就业做好知识、技能的储备，做好走向工作岗位的职业道德的准备工作，增强本领提升适应社会的能力。学生的自我教育、自我管理、自我服务是缓解学校管理压力，提升学校办学效益的重要工作，是学生提升能力的重要途径，也为学生即将走向社会、适应社会需要做好了必要准备。高职院校学生干部在做好教育管理服务工作的同时，锻炼着自己的能力，维护着学校正常的运行，服务着学生的成长成才。

高职院校的学生干部是学生群体中的佼佼者，他们在学习、行为、思想、工作能力等方面比其他同学要更加优秀，是学生中的骨干，发挥着示范作用和模范带头作用。他们会以自己的优秀表现和积极的工作态度带动一批学生积极进取，他们的工作主要以朋辈易于接受的方式开展，是学生、教师开展工作的重要补充。

高职院校学生干部队伍是学校就业工作和校友工作持续发展的积极促进者。高职学生干部在工作单位能较快地适应和更好地发展，他们取得的成绩能够为学校赢得更好的声誉，为学弟学妹的发展创造更好的空间。同时，在学校担任学生干部的经历能够让他们比普通同学更加认同学校的理念和做法，进而能够做到积极主动凝聚广大校友的力量，为母校的发展作出更多、更大的贡献。

（二）加强高职院校学生干部队伍建设的必要性

1. 应对新时代给学生干部建设和管理带来的挑战

进入 21 世纪后，人类开始进入信息时代，无论是高等教育，还是学生管理都逐渐开始网络化，这对传统的学生干部建设和管理工作来说是一个不小的挑战。与此同时，面对新时期，高职院校的办学模式不断发生变化，特别是在人才培养方式方面，已经发生了根本性变化，这些都是造成高职院校学生干部队伍建设和管理难度增加的因素。

2. 学生干部是高职院校学生管理的中坚力量

在学生管理工作中，学生干部可谓是辅导员的得力助手，同时，在学生管理工作中还发挥着模范带头作用。加强高职院校学生干部队伍建设，能够让学生干部带领学生实现自我服务、自我教育、自我管理。从而促进学生管理工作效率的提高。同时，这也有利于改变传统学生工作脱离实际的问题，使学生干部能够更好地、更有效地为广大学生服务，提升学生的专业技能。在这个过程中，还能提高学生干部的职业能力，进而为国家和社会培养有能力、有技术、有本领、有担当的高素质综合人才。

（三）加强高职院校学生干部队伍建设的举措

借鉴学习型的组织理论框架，加强高职学生干部队伍建设，主要从抓好三个环节、培养三种精神、锻炼三种能力入手。

1. 抓好学生干部培养的三个环节

（1）竞争上岗，把好入口关

在高职院校学生干部选拔过程中必须把好入口关。应结合各级学生组织的实际情况，按照公开、公平、公正的原则，采用学生报名申请、所在班级（系院）民意测评、公开演讲竞聘和民主科学选拔的方式，将那些思想品质好、政治素养高、组织协调能力强的学生选拔出来，并将其放到合适的岗位中去，确保选拔人才的可靠性、可用性和可培养性。这样的竞争上岗，既是对入选的学生干部的负责，也是对未入选的学生的负责；既能够让学生公开、公平、公正地参加竞聘，又培养了他们的民主意识和竞争意识，为其认识社会、走上社会后，能够积极主动地参加各类活动奠定良好的基础。

（2）加强培训，把好过程关

加强培训是提高高职学生干部能力和素质的重要手段之一。各高职院校应高度重视学生干部的培训工作，建立起学生工作部、学生处、团委统筹规划，各系、院结合专业特点积极实施对学生干部培训体系。该体系包括教材、课程、实训、规划等方面内容，具体涵盖到学生干部的政治素养、工作模式、团队合作精神、预警机制、突发事件处理、自我心理调适等内容。培训方式采取培训与工作相结合、必选内容与自选内容相结合的模块式教学。具体的培训工作既有理论教学，又有社会实践；既有素质拓展，又有活动组织；既有总结交流，又有公开述职；既有团队辅导，又有个别心理咨询。做到入职即培训，直至离岗，期间随着岗位和工作的深入，培训的内容也会发生变化，为此要做到工作与培训相互结合，相互促进。通过培训，增强了学生干部的业务能力，培养其自觉学习的习惯，促进学生干部间增进情感，互动交流，分享经验。

（3）加强考核，把好绩效关

对高职学生干部的考核是客观评价其努力程度、工作方法、工作成效的重要措施之一，是学生干部之间相互竞争提高工作效率，相互学习提升工作能力的重要平台之一。学生干部的考评应结合其所在学生组织、服务对象和所接触教师的测评，考察其工作方式和受欢迎程度，结合其文字总结考察其文字总结凝练提升能力，结合其公开述职及评分考察其语言表达及应变能力，结合其他学生干部的评价了解其优缺点，采取定期和日常考核相结合、定性和量化相结合的方式确保考核的客观公正性。同时，建立完善的激励机制，赏罚分明，使学生干部明确责任，提高工作成就感。

2. 注重培养高职学生干部的三种精神

（1）敬业精神

敬业精神是人们对待工作的一种态度和行动。当一个人能够做到爱岗敬业时，其能力的不足，工作中存在的困难也就变得渺小了，其对工作的投入和因敬业而引发的对自身能力素质的提升便足可以胜任工作了。具有敬业精神，可以带动人们具有大局意识、责任意识和团队意识。高职学生干部的敬业精神既是其做好本职工作的重要非智力因素，又是其走上工作岗位的一笔宝贵的财富。在日常工作中，负责管理学生干部的教师要能够看得到敬业的学生的努力，要能够及时表扬他们，进而在学生组织中形成崇尚敬业爱岗的良好氛围。

（2）进取精神

进取是一个人积极向上的态度和行动。"天行健，君子以自强不息"，便是进取精神的写照。高职学生干部的进取精神包括追求真理，积极向党组织靠拢，主动提升自身的思想政治素质；有工作激情，锐意进取，勇于克服困难；务实守信，主动规范自身的言行；向上向善，向身边的同学、向社会传递正能量等。

（3）奉献精神

奉献精神是"我为人人"的写照，是"为人民服务"的重要组成部分。一个具有奉献精神的学生干部，其思想里自然少了些功利的想法和做法，少了一些浮躁和世俗，多了一些务实和积极。一个具有奉献精神的学生干部，也必然是一个实干的学生干部，是一个受身边同学欢迎的学生干部，坚持下去，也必将是一个全心全意为人民服务的人。

3.注重锻炼学生干部的三种能力

（1）学习力

高职院校学生干部的学习力包含了学习的动力，即作为学生中的优秀分子，应做学生学习上的标兵；包含了学习的本源含义，即学好书本知识，练好技能，主动参与社会实践，在学习上做学生的榜样；也包含了向身边的老师、学生学习其积极主动的工作态度，学习其大方得体的工作方法，学习其工作中的优点；同时，还包含了树立团队学习意识，建立学习型组织，树立终身学习意识，使学习、工作相互促进，相得益彰。

（2）执行力

对于高职学生干部而言，其执行力包含了执行任务的意愿和能力，其执行力的强弱直接关系到学生工作的效果。高职院校学生干部的执行力源于认认真真完成老师或各级学生组织布置的任务，然后结合自己的工作及思考提出合理的工作思路或设想，并由自己及其他学生干部共同实现。

（3）创新力

高职学生干部的创新力是指高职学生干部在学习力、执行力基础之上，能够主动查阅资料、积极开展调研工作，独立地提出并组织开展的有新意且适合在一定学生中举办的活动。创新力是学习力和执行力的最佳结合，也是学习型学生干部队伍建设的最终目的。

第三节　校企合作模式下的高职院校学生管理

一、关于"校企合作"模式的阐述

（一）什么是校企合作

校企合作是指院校与社会上相关企业、事业单位及其他各种工作部门之间的合作关系。校企合作的内容包括合作办学、合作育人、合作就业、合作研发和合作发展等。校企合作对于院校和企业进行了充分的利用，二者的教育资源和环境资源都可以提供给学生，从而培养出技能型人才，既能适应行业，又与企业的需要相吻合，这种运行机制是充分考虑了市场和社会需求，并以之作为导向，通过院校学习和参加企业岗位实践有机结合，实现优势互补、利益共享、合作共赢的教育模式。院校与企业在人才培养、科学研究、技术研发、生产经营以及人员交流、资源共享、信息互通等方面开展合作，实现双主体育人。

校企合作是企业与院校双方主动参与的合作。校企合作是建立在二者内在需要基础之上相互依存、相互促进、密不可分的有机结合，是教育与产业之间相对独立的有机结合。这种结合不仅遵循了教育发展规律，又遵循了生产经济发展规律。校企合作是现代的一种教育模式，是职业教育的特色与优势；是实现职业院校教学培养目标的重要保证；是职业院校深化教学改革，使职业教育贴近社会和企业、适应经济发展的需要；是培养高素质技术、技能型人才的一条重要途径。校企合作就是充分利用院校的资源环境和企业的资源环境，充分发挥各自优势，从而使得理论能够与实践相结合，在人才培养方面，院校注重职业教育，主要是讲授理论知识，而企业则是更注重实践操作，主要让学生学习实践技能，积累实践经验，使得学生的理论知识和实践技能有机结合起来，提高学生的职业能力，使得学生可以直接上岗，更快适应、更加符合企业的岗位要求，达到"无缝"对接，从而形成一种培养应用型人才的模式。校企合作利益共享主要体现在以下几个方面：

1. 院校利益

一是院校能及时了解新技术、新材料、新工艺等内容，不断更新教学内容，提高教学质量。二是教师有机会参加企业生产实践，转变观念，改进教学方法。三是院校可以加强与企业、社会的联系，了解社会对毕业生的需求。

2. 企业利益

一是院校为企业员工提供培训服务。二是企业可以优先选择优秀毕业生。

（二）校企合作的本质

1. 校企合作的教育模式

校企合作的导向是社会的需求，这种教育模式要求院校和企业双方的共同参与，从而根据实际情况进行教育计划的制订。这种模式和传统教育模式的不同点在于，学校和企业都是作为教育者的角色来对学生进行培养，相较于传统的、单一的学校理论知识教育，更为开放，更注重实践性，是将理论与实践相结合，从而培养应用型人才，以便适应社会、市场和企业的需求。

2. 校企合作的双方目标

校企合作结合了学校与企业这两个直接利益关系方，学校是非营利性组织，企业是营利性组织，二者的社会组织类型不同，其想要达到的目的也各不相同，二者最终的利益诉求也是完全不同。职业院校不以盈利为目的，其是一种社会公益，是一种服务，像学生提供教育公共产品；而企业追求的则是盈利，它通过提供服务和商品来赚取利润，其最终目的是实现企业效益的最大化，实现利润的最大化。学校希望通过校企合作来使得学生拥有实习的机会，希望校企合作可以推动课程改革，同时推进双师培养，从而促进学校教育的发展；而企业则希望通过校企合作得到技术支持，能够与专业的学校进行合作，从而进行科研开发，同时还能将学生转化为员工，对其进行培训，促进企业未来的人力的稳定，还能够通过校企合作使得企业拥有良好的社会声誉等。校企合作是一种具体化的形式，使得教育与经济可以达到合作的目的，从而促进两方面的共同发展，校企合作的实质就是根据企业需求，使得通过教育培养出来的人才能够主动适应社会和市场的环境，并为企业服务，这也体现了教育必须要与经济发展相适应，必须符合经济发展规律。

3. 校企合作的法律关系

在现在的校企合作中，二者本质的关系是一种民事合同法律关系。既然说是合同，那这种协议就必须要包含平等主体的自然人、法人，其民事权利义务关系也可以双方自愿地进行设立、变更和终止。这种关系强调平等、自愿，其中应该体现合同当事人双方的意愿和意志，同时，在法律层面对于双方当事人均具有约束力。校企合作签订的合同的主体双方将自身意愿进行落实，也就是说这个书面协议或者口头协议中的主体双方只包含学校和企业这两方当事人，合同中体现的也应当只包括这两方当事人的意愿和意志。

因此，可以说校企合作的本质首先是一种办学模式，其次其合作目的是为了培养人才。其组成要素应该包含多个主体，除了学校和企业，还有其他的利益相关者，如政府、院校主管部门等都应该包含在其中。

（三）职业教育与企业的关系

职业教育的基本人才培养模式是校企合作，职业教育与企业的关系主要体现在以下几个方面：

（1）职业教育本身就具有职业性、实践性和社会性，这种基本属性就使得职业教育在本质上就和企业产生了密切的关联。职业教育直接关系着民生就业，紧密地联系着社会，职业教育的就业涉及人口、经济、政治、资源、文化等各个方面，作为一项社会工程，而且是一项具有高度综合性的工程，只有在全社会的帮助下才会办好，取得效果，只有具体地结合生产过程和实际的实践操作，学生才能真正地通过职业教育学习到技能和知识，从而在将来更好地适应社会和市场的需求。

（2）职业教育培养人才的模式，包括顶岗实习、产教融合、校企合作、工学结合等几种模式，企业应该支持职业院校的教学全过程，包括课程改革、专业建设、教学实践、教材编写等，我们可以说职业教育教学过程本身就是校企合作的过程。

（3）职业教育的宗旨是服务，其导向是就业，这就是其办学的指导思想；职业教育的培养目标就是使学生成为技术技能型人才。

（4）职业教育的基本模式。校企合作及校企合作教育，它是将教育与生产劳动紧密结合的教育形式，是职业教育的基本模式。从目前开展现代学徒制效果来看，通过双主体（学校、企业）、双身份（学生、学徒）、双导师（老师和工程师）、双基地（校内实训基地、企业实训基地）模式提高了校企合作的内涵与质量，增强了学生现场工作经验与技能，培养出来的学生更能满足企业个性化需求。

（四）我国职业教育校企合作模式类型

1. 订单培养模式

订单培养模式就是让职业院校和企业来签订协议，并由双方共同对学生进行培养，在整个学生的培养过程中，企业都要参与进来，包括制订培养的计划和方案。企业派遣专业人员到学校进行兼课，要注意所派遣的人员必须要同时具有丰富的理论知识和较强的实践能力。除此之外，企业还要为学生的实习提供场地和设备，学生在校学习的过程中，企业可以提供部分学费，或者是提供一些助学金或者奖学金。如果企业足够有实力，也可以提供全部，这样做可以直接培养企业所需的人才，学生在毕业之后可以直接进入企业工作。通过这种订单培养模式，人才培养的针对性和实用性更强。在这个过程中，学生也有了明确的目标，知道自己努力的方向，同时在学校和企业都得到了锻炼，学生也会有着更强的专业素养，在企业中进行工作也会更加得心应手，提前到企业中实习，也可以使学生更快地适应企业，从而实现学校、学生和企业的"三赢"。

订单培养模式既有优点也有缺点，其优点主要体现在以下四个方面：第一，在培养人才的过程中，学校有着更加明确的目标，其人才培养的指向性更强；第二，企业可以对人才进行中长期的规划；第三，可以将社会上的教育资源进行整合，实现教育资源的充分利用；第四，在这个过程中，学生也有了更加清晰的目标，其在进行职业生涯规划的过程中会更加明确自己的人生方向。当然，订单培养模式也有其缺点的存在，主要包括以下三点：第一，难以实施，干扰因素过多，比如，学校专业设置的改革和变化，学生对前景规划的改变，企业自身发展情况的改变，任何一项因素的改变都会导致这一模式发生很多不可预测的情况；第二，校企双方之间的合作过于松散，订单培养模式并没有对双方产生很强的刚性约束力；第三，学校和企业合作的共鸣点单一。

2. 资源共享模式

资源共享模式就是校企双方签订协议，一方作为主体，而另一方作为辅助，双方对各自的责任与义务进行明确，从而共用、共享、共担、共管优质的教育资源，实现校企双方的共赢，从而实现人才培养的目标。

资源共享包括三个方面，分别是实训基地、师资和平台的共享。学校的教师和企业的专门技术人员彼此合作，双方互相聘任，共同分析教学内容，共同对课程教学进行探究，培养实用型人才，双方共同促进教学目标的完成。在资源共享模式的校企合作中，要将实训基地建立起来，实现学校中有工厂，为学生提供实践的基地，工厂中有学校，学生可以到工厂中接受教育。这些基地有两方面的好处，一方面师生可以接触企业，将平时所学的理论与实践结合起来，另一方面可以使得学生的动手实践能力得到锻炼，并培养其职业素质和创新精神，满足企业对人才的要求，实现校企"双赢"。平台共享要求学院组织教师参与企业的生产实践，利用教师掌握的专业知识，为企业解决一些技术上的问题，从而使得理论与实践得到有机的结合，促进企业的发展，促进得到解决的技术问题在实际的生产实践中得到运用；企业则可以在职业院校建立培训和研发基地，对于学校的教师资源、设备和场地等进行充分利用。

资源共享模式既有优点，也有缺点，其优点主要包括以下四个方面：第一，教师在接触企业的过程中，对于市场行情和专业发展动态更加了解，从而使得自身的眼界得以提升，增加了自身的实践经验；第二，企业可以让员工在学校中接受培训，从而使得员工的各方面素质得以提高；第三，学校和企业可以交叉利用各自的资源，使得双方的资源都能得到充分的利用，从而很可能产生出乎意料的效果；第四，对资源进行节约、整合，从而最大化地提高资源收益。资源共享模式的缺点主要包括以下三个方面：第一，在学校和企业进行合作的过程中，企业的一些活动可能会影响学校的教学，学校的一些活动可能会影响企业生产；第二，专业教师的实际技能无法达到企业的要求，企业技术人员的执教能力，无法达到学校的要求；第三，双方有可能会争论合作资源的产权与使用权，容易产生矛盾和冲突。

3. 工学交替＋顶岗实习模式

工学交替＋顶岗实习模式，就是让学生在假期的时候到企业进行实地了解，包括企业的理念、文化和管理制度等，从而使学生受到熏陶，提前感受职业道德、劳动纪律和安全意识等各方面的企业文化，促进学生产生责任感；学生到现场了解生产的各个工序和流程，并且亲自动手实践，使其对于岗位要求有一个初步的认识，对产品管理和生产流程的参与会使学生提前适应岗位，促进其协作意识和就业意识的提升。同时，学校还可以得到学生的反馈，从而对教学方法、内容等进行改革，进而提高教学质量，培养实用型人才，使得学生在企业的实践中能够成为合格的人才。

学校的教学计划全部完成以后，学生才会进行一年的顶岗实习，主要通过学生自荐或者学校推荐来确定实习的岗位和场所。学校要将实习基地建立起来，并且要求其是相对稳定的，通常采用企业挂牌或者校企签订协议等各种手段，来实现实习就业一体化。在这个过程中，企业要按照协议为学生提供实习岗位，并且付给学生相应的报酬，校内外的实训基地都需要在企业的帮助下建立，企业还要提供相应的专业技能人员在学校中担任教师，同时还要为学生提供奖学金等。

工学交替＋顶岗实习模式的优点主要包括以下四个方面：第一，学生到企业进行实习，可以使得企业的人力资源成本降低，同时提高其经济效益；第二，学生的职业素质和技能在实习的过程中都大幅度地得到提升；第三，学校和企业的合作促进了理论、实践的有机结合；第四，学生可以直接"求学—实习—就业"。

二、校企合作模式下的高职院校学生管理工作创新

（一）校企合作共建心理教育模式

在校企合作模式下，要探寻学生的心理特点，找到其中规律，通过有效的心理教育模式，来让学生的整个大学生涯都可以健康发展，我们将学生的发展分为三个阶段，分别是实习前、实习中和实习后。

第一，要将心理疏导机制建立起来。有些学生在实习之前不理解为什么要实习，认为大学生就应该多学习知识，对于实习并不认同。还有一些学生渴望到社会工作，但是他们面对实习却往往感到恐慌，因为他们担心自己缺乏专长和竞争力。面对这种情况，无论是院领导还是相关教师、辅导员都应该重视这种问题，对学生心理波动进行关注，并将心理疏导机制完整地建立起来，从而使得学生更

理解实习的目的和意义，能够形成乐观的生活态度，对于问题的分析更加理智、成熟。学生在校期间，学校各方应该鼓励学生开展、参与各种活动，从而使其正确认识自己，正确与人交流。

第二，针对在企业实习的学生，心理互助小组也要建立起来。心理互助小组的建立方式是将在同一家企业实习的学生组成一个小组，如果人数较多，也可以组成多个小组，大家一起举办活动，并将自己的烦恼和快乐都分享出来，从而使学生在心理上获得安慰，减少、避免心理疾病。

第三，在实习中将信息联络员制度建立起来。联络员可以选择责任心和沟通能力强的学生，通过网络或者手机，联络员将实习情况反馈给企业的管理人员或辅导员。

第四，将有效的沟通机制建立起来。这种沟通包括实习学生和辅导员，辅导员、相关教师和企业指导教师，以及企业和学校负责人之间的沟通等，进行及时沟通的目的就是及时解决学生的心理难题。

第五，实习结束后，要健全心理辅导机制。在实习结束后，学生返回学校，辅导员和相关教师可以让学生进行实习总结，从而对实习中遇到的问题进行总结，并将这种经验运用到之后的学习、工作中。

（二）校企合作共建学生管理机制

学生管理工作非常复杂，实施学生管理机制的主体包括学工系统、全院的行政系统。各级院领导都应该意识到学生管理工作的重要性，在进行学生管理时，要做到职责明确，使得学生管理机制得以健全，并且行之有效。校企合作模式更注重学生的实践和实习，学生在学校的时间相对较短，而更多的时间都在校外实习，这对于学校来说，要想管理学生就更加困难。为了能够让广大教师对学生有更多的理解，达到"教书""育人"的双重目的，要将学生管理的工作和教学工作进行紧密结合，就要让校内教师和企业的培训师都能够进行学生管理，参与学生管理，从而更加深入地了解学生，并从中及时发现问题，针对学生的具体情况，做针对性辅导。

学生管理机制还要重视学生的自我管理。在进入高年级之后，学生自我管理比起其他年级就要更加重要了，因为高年级学生通常都对未来有了规划，并且思想较为成熟，对于自身的发展路径更加明确。当然，这并不是说学校和辅导员就不用再管理学生了，他们的作用主要是进行宏观调控，对于学校的各项规章制度进行完善，如果学生在进行自我管理时出现了问题，学校和辅导员要及时进行指导，并对学生管理工作进行总体上的把握。学生在学校的帮助下，通过自我管理从而养成了良好的习惯，也大大提升了自身管理能力。

在进行学生管理工作的过程中，激励机制也要设立。学校、企业可以合作设立各种奖学金，同时进行选拔比赛，让优秀学生都参与进来。鼓励学生进行创新课题研究，其研究的对象可以是企业的实际项目；学生的成绩可以由学校和企业进行共同考核，将实习的成绩和校内学习成绩结合起来；企业可以优先录用优秀毕业生；企业在实习期间考察学生，并从中对储备管理干部人选进行选拔。

校企合作模式要求不断创新学生管理方式。因为在这种模式下，学生处于学校和社会两种环境，传统管理方式已经无法适应，所以要想使学生管理工作达到良好的效果，就必须要从两个环境中对学生进行了解。学生管理人员不能仅仅拘泥于沟通和谈话等单一的传统方式，可以通过定期走访实习单位和网络对学生实习和生活的情况进行了解，如果发现学生在思想或者心理等方面出现问题，可以及时地进行帮助和指导；各种活动组织也应该灵活安排，充分考虑企业和学生时间等各种情况。学生管理工作需要学校和企业两方的配合。企业应定期地开展宣传和教育活动，让学生了解企业文化等方面的内容，并配备专人对学生进行管理，使得学生可以在企业中锻炼技能，同时还能学会做人。校企双方应该通力合作，从而使教育管理工作行之有效。

（三）校企文化融合建立管理手段

校企合作模式必然会融合校企文化。所以学校应对企业文化中积极的一面进行了解，并将这种影响发挥出来，从而使得学生可以改进自身的问题。在学校文化的熏陶下，学生形成了积极的人生观和价值观，在企业文化的影响下，学生逐渐掌握了与人合作和沟通的技巧，学生不仅学到了知识，还学到了应该如何做人。在学生管理模式上，学校可以设置班委，参照企业管理模式，实施"班长负责制"，同时将班级规章制度制订出来，在组织班级活动时，应注意专业特点，可以按照项目的形式进行，使学生在校就能体会企业文化氛围，这样可以使学生在毕业后更快适应企业工作、企业氛围和企业环境。

第四节　网络模式下的高职院校学生管理

一、高职院校"互联网＋学生管理"模式探究

（一）"互联网＋学生管理"模式应用背景

随着生产力的不断发展，社会经济的不断进步，互联网技术也已经取得了长足的发展，并且对各行各业都产生了深远的影响，那么同样的，作为学生，也受到了互联网的影响。互联网已经和学生们的生活融为了一体，无论是点餐还是各种娱乐活动，无论是了解各种信息还是进行网上学习，互联网已经深刻地影响到了学生的学习和生活。通过互联网，学生可以进行微课、慕课的各种课程学习，还可以进行交友，获取或者发布各种信息。在获得这诸多好处的同时，一些弊端也已经暴露出来。现如今，学生的个人信息几乎不再是秘密，再加上信息监管还未达到十分高超的水平，所以不良信息多多少少会影响学生，因此学校要加强对学生的管理，不断创新管理手段，从而促进学生的发展，为社会培养优秀的实践型人才。

（二）构建"互联网＋学生管理"工作模式的实践意义

目前，大学生几乎都拥有智能手机，他们已然成为互联网主要的服务对象和受众对象。首先，我们可以对这种现象加以利用，在学生管理工作中，可以结合网络工具，通过互联网来获取各种参考，开拓自己的视野，从而使得学生管理工作可以更加有效地执行。促进思想政治教育工作的开展，结合互联网也可以不让教育者一个人唱独角戏，从而使得工作质量得以提升。其次，网络工具和学生管理工作相结合，可以使教育感染力大大提升，这主要是因为网络文化平等开放，互动性强，与大学生的价值观相吻合，体现了自由、平等和民主，因此使得学生管理工作更具实效性和针对性，同时还能让学生积极参与进来，使管理更加生动、新颖。再次，学生对于一些社会热点有着自己的意见和见解，同时他们更加敏感、积极，如果不重视学生的想法和意见，最终可能会在网络上引起轩然大波，这种不满的情绪也会逐渐扩散，因此，管理工作如果可以对互联网进行利用的话，就

可以及时收到学生的反馈和意见，并及时改进，这也有利于促进校园和谐稳定。由此可见，开展"互联网＋学生管理"的模式是十分有好处的，可以促进校园环境稳定发展，维护和谐，也有利于时刻关注网络舆论，及时改正校园的学生管理工作中存在的一些问题。

（三）构建"互联网＋学生管理"工作模式的途径

一是要对"互联网＋学生管理"这一工作模式进行充分利用，从而对学生动态进行掌握。我国经济的不断发展，使得新一代的高职院校大学生拥有了较好的物质生活，他们的生活环境也是相当优越的，随着时代的发展，现代的大学生已经和传统印象中的大学生有所不同，他们有着自己的个性，并且有着更灵活、更敏感的思想，比起和学生管理工作者进行交流，他们更愿意在网络上分享自己的生活和心情，并通过社交网络来进行交流和展示。

新时期的学生管理工作者要对学生进行深入了解，对他们的实际心理特征进行了解，深入接触他们的学习和生活，对他们所沉浸的网络虚拟环境进行深入了解，对他们的身心发展动态进行全面的、整体的了解，从而进行人性化管理，要热爱工作，关爱学生，对他们进行正确的引导，为他们服务，使得学生管理工作可以顺利进行。

一方面，要对学生动态进行把握，主要是对互联网进行充分利用。学生管理工作者要通过各种社交媒体来对学生的动态进行关注，在班级中设置"网络心情观察员"，通过QQ、微信和微博各种软件来对学生的心理、思维以及行为趋势进行了解和判断，对具体情况进行具体分析，从中对学生进行有针对性地指导。通过这种指导，还可以使得学生对管理工作者更加信任，在之后的管理工作中，也可以更加的顺畅，同时，还可以让学生对学校更有集体的归属感，促进学生的成长。

另一方面，还是要对互联网进行充分利用，对于网络舆情要进行掌控。在社会舆情中，大学生的网络舆情是非常重要的一个方面，因为其大致上就是对社会舆情的一定反映。所以，教育管理者要重视大学生的网络舆情，积极进行观察和分析，如果发现问题，要对学生进行正确的引导，促进校园网络文化健康发展，从而使得整个校园文化都是积极、健康的。

二是要对"互联网＋学生管理"这一模式进行充分利用，推动创新创业教育的发展。互联网在飞速地发展，在这个网络时代，越来越多的互联网创业在网络经济的伴随下取得成功，这不仅使得就业机会增加了，还为大学生进行互联网创业提供了范例和模本。大学生通常能够熟练地运用网络，对于一些热点和市场的动态往往有着更加敏感的反应，再加上互联网创业需要的资金投入比较小，同时更加自由，再结合创新创业教育，大学生通过利用互联网工具往往会更容易取得成功，换句话说通过"互联网＋"融入大学生创业教育，可以使得大学生创业成功率提高，从而促进大学生就业质量的提升。

一方面，要通过对互联网的利用提升学生能力素质，促进其创新创业。高职院校加强对学生管理工作者的培训，使其自身具有较强的教育和指导能力，还要能够与时俱进，从而才能对大学生的创新创业进行指导，使得大学生的创业思维和意识得到开拓，使其积极性得以提升，还要对学生进行督促，不仅要学好创业相关基础课程，如《大学生职业发展与创业指导》《创业教育》《创业实践》等，还要使其积极利用互联网，从而掌握更全面的创业知识，丰富自身的创新知识。同时还要鼓励学生积极参加各种创新创业大赛，使学生拥有更丰富的实践经验，通过实际的操作，锻炼自身的实践能力。要对国家最新的创业优惠政策进行了解，从而使学生在创新创业中可以享受到国家的帮扶，这对于大学生来说，也是激励。

另一方面，要使互联网创业成功典型的辐射带动作用得以充分发挥。现在创业环境不断得到优化，氛围越来越自由、自主，注重创新，很多大学生都通过互联网创业取得了成功，越来越多的成功典型对于那些想要进行互联网创业的大学生起到了很好的激励作用，所以，高职院校应该积极推广这种通过互联网创业取得成功的例子，促进大学生创新创业，"以点带面"，形成辐射带动效应。

三是对创新管理方式进行创新，使得"互联网＋学生管理"工作模式的作用得到充分发挥。现如今网络在飞速发展，用传统的方式对学生进行管理已经跟不上时代的发展了，所以学生管理这方面的工作势必会发生变革，而在网络时代，互联网明显是一个不二选择，通过"互联网＋"来使得学生管理工作得以创新，不仅符合时代，还能够真正做到有效地高效管理。

一方面，要通过互联网来对工作模式进行创新。互联网优势明显，即快速、高效、便捷，利用互联网来进行学生管理，不仅节约了时间，提高了效率，还节约了管理成本，学生管理工作者可以对工作的新方法进行探寻，从而使常规工作实现网络化。可以利用互联网进行日常工作的管理，比如，宿舍管理、出勤监管、归寝管理等，实现学生管理工作的优化。

另一方面，要充分利用互联网发掘创新灵感。互联网的海量信息可以给学生管理工作者提供交流管理经验的良好平台，要充分利用互联网，通过经常浏览中国高职高专教育网、中国文明网等知名网站，学习先进经验，激发灵感，及时调整自身的教育方法、管理策略，使教育和管理更科学、更完善。

二、高职院校大数据学生管理模式探究

（一）大数据对高职院校学生管理工作的影响

大数据作为一种数据存储技术，在云计算等先进技术的配合下，能够实现海量信息的快速整合与采集，有效提升数据采集工作效率。大数据应用对学生管理工作的影响主要体现在以下三个方面：

1. 大数据下管理工作的客观性

在传统的管理工作中，由于对学生数据的采集工作不能到实地全面展开，需要学生自行描述，因此，采集的数据具有一定的主观性，信息准确性或有偏差。应用大数据技术，能够有效实现数据的精准采集，打破地域限制，建立数据与相关网络的联系，保证数据的真实性以及准确性。以贫困补助管理工作为例，在管理工作中需要了解学生的经济情况，对于贫困学生予以补助，传统的方式以学生到当地部门盖章或写贫困证明等方式为主，通过当地部门出具的证明判断学生情况，但是此种情况下信息的准确性可能受到外在因素的影响，不具备客观性，应用大数据技术之后，学校可以申请学生家乡户籍所在地相关部门授权，调取学生经济信息，包括田产、经济流水情况等，保证了信息的准确性。

2. 大数据下管理工作的全面性

大数据管理工作具有全面性特点，在学生授权的情况下，通过对学生相关信息的采集，能够全面了解学生的情况，包括各学科成绩、特长发展等情况，通过发挥大数据整合功能及时发现学生存在的问题。如贫困学生突然出现大额支出等，这有利于防止学生参与不规范的网贷，保障学生安全。

3.大数据下管理工作的便捷性

大数据下的管理工作更具便捷性，以往在学生管理工作中，需要学生在网络下载文件，并以书面形式提交身份信息，应用大数据技术后，能够直接在校园网络平台中对学生信息进行采集，不仅方便快捷，而且能够按照学生性别、年级等自动分类，并按照工作需求快速筛选出所需要的内容，提升管理效率。

（二）高职院校大数据学生管理模式创新

1.充分应用大数据技术

在管理体系的建立上，应充分应用大数据技术，通过搭建学生管理平台，实现对学生信息的数据化管理。要搭建学生管理平台，需要明确学生管理涉及的各项内容，按照内容类别形成模块，再针对不同的模块，创建不同的连接，最后建立模块之间的联系，形成学生的信息系统。在大数据技术的应用上，学校可以根据管理内容获取相应的权限，建立系统与相关部门的阶段性或长期性联系，方便对学生相关数据信息进行采集或传输。如部分高职学生发挥自身的专业优势开展研究工作，并取得研究成果，学校要帮助学生申请专利，这时管理系统可以向相关部门发送申请请求，加密传输申请资料，确保申请资料的安全及学生研究工作的顺利进行。管理平台还可帮助学生联系相关企业，为学生拓宽发展路径。在职业规划管理中，大数据可以通过对学生学科成绩以及兴趣爱好的整理，帮助学生明确发展方向，助力学生发展。

2.创新管理模式

除创建管理平台外，还可以进一步创新学生管理工作模式，如近年来较为流行的网格化管理，即以班级或更小的组织为单位进行网格化管理，提高管理工作的精准度。从网格单位中选择管理人员，能够加强管理人员与网格成员之间的联系，确保网格成员配合管理人员的工作，提高管理工作效率。在网格的设计上，可以应用大数据技术，按照一定的指令，确保网格分配的合理性。构建网格管理平台，对网格管理员收集的信息进行数据化、集中式处理，通过网格化管理，使学生管理工作能够清晰了解学生发展诉求，有效对管理活动进行调整。网格化管理能够提升学生参与的主动性，由于当代高职学生更加热爱网络交流，采用网格化管理符合学生的兴趣需求，能够通过网格交流反映出其发展情况，精准了解学生性格特点，确保在各项活动开展时能够合理分配工作内容。

3. 发挥学生管理功能

在高职院校的学生管理工作中，通常由管理人员协同各个专业的导师开展管理活动，通过导师对管理内容的进一步明确与传达，确保管理工作得到落实。在部分工作中，需要学生协助管理。要进一步提升管理质量以及管理效率，可从学生管理角度入手，发挥学生接受新鲜事物较快以及创造力较强的优势，找出能够熟练应用大数据技术的学生，组成管理小组，参与管理工作。由于学生了解大数据技术的部分先进功能，也更了解学生特点，因此能够找到管理工作的切入点，合理选择大数据技术的应用途径，提升管理工作效率。如学校组织校外活动，在对学生进行管理时，可通过组建学生管理小组，应用大数据技术，对不同专业活动参与对象的课程安排进行快速筛选，找出不同专业共同的课余时间，通过收集气象信息、场地信息等，确保能够合理地选择时间地点，并通过对学生的需求信息进行全面采集，应用大数据技术进行归纳整理，了解大部分学生的需求，保障活动所需用品的齐全。通过与网络连接，了解不同院校类似活动的注意事项以及可能出现的突发情况，了解突发事项解决策略，制定活动应急处理方案，保障活动能够顺利进行。发挥学生的管理功能，降低高职院校管理压力，丰富技术型管理人才储备，发挥学生优势，激发管理活力，引导学生积极参与到管理工作中，促进学生综合能力的全面提升。

参考文献

[1] 方田古，唐河.中国学生教育管理大辞典 [M].北京：北京师范学院出版社，1991.

[2] 李洪霞.高等院校学生教育管理研究与实践 [M].北京：北京工业大学出版社，2021.

[3] 罗惠文.高职院校学生教育管理创新研究 [M].成都：西南交通大学出版社，2018.

[4] 张一平.高职院校教学管理概论 [M].北京：北京理工大学出版社，2020.

[5] 宋丽萍.新媒体环境下高校学生教育管理工作创新研究 [M].长春：吉林大学出版社，2020.

[6] 姚丹，孙洪波.高校教育信息化管理与学生管理工作 [M].北京：中国纺织出版社，2021.11.

[7] 奉中华，张巍，仲心.大学生教育管理的创新与实践研究 [M].长春：吉林人民出版社，2021.

[8] 孙建伟.高职院校学生管理与创业教育研究 [M].北京：北京工业大学出版社，2018.

[9] 夏明凤.现代高职院校学生思想教育与管理 [M].长春：吉林出版集团股份有限公司，2019.

[10] 高玉娟，魏广宇，王维宏.大学生教育与管理 [M].哈尔滨：东北林业大学出版社，2006.

[11] 靳润奇，池卫东，王冬梅.论高职院校学生教育管理模式的创新 [J].教育与职业，2006（32）：30-31.

[12] 陈肃明，吴汉辉，李忠洪.高职院校学生教育管理模式创新 [J].中学政治教学参考，2022（37）：93.

[13] 陈静.微信在高职学生思想教育管理工作中的应用 [J].中国教育学刊，2015

（S1）：107-108.

[14] 崔伟 . 基于三全育人的高校学生管理模式的转变及创新——评《新形势下大学生教育管理的内容体系研究》[J]. 中国教育学刊，2022（01）：117.

[15] 马伟，丁立新 . 高职学生自我教育有效途径探索 [J]. 中国成人教育，2011（02）：29-31.

[16] 郝占辉，贺宏斌，王文波，刘晶 . 高职院校学生教育管理法治化的困境、原因及实现路径 [J]. 职教论坛，2015（05）：48-52.

[17] 花树洋，程继明 . 大数据时代高职院校学生教育管理的现状审视及发展对策 [J]. 教育与职业，2019（03）：36-40.DOI：10.13615/j.cnki.1004-3985.2019.03.006.

[18] 林小香 . 新媒体视域下高职院校教育管理创新研究 [J]. 内江科技，2021，42（08）：132-133.

[19] 王娟 . 以人为本理念在高职院校教育管理中的运用 [J]. 学园，2021，14（06）：71-72.

[20] 李海清 . 高职院校学生教育管理模式的创新对策分析 [J]. 山西青年，2022（16）：172-174.

[21] 石奋齐 . 立德树人视角下医学院校学生管理工作研究 [D]. 乌鲁木齐：新疆医科大学，2020.

[22] 王敏 . 高校发展型学生工作模式构建研究 [D]. 哈尔滨：东北林业大学，2020.

[23] 王晖 . 当代中国高等学校学生工作创新发展与实践研究 [D]. 南京：南京航空航天大学，2018

[24] 刘艳秋 . 高职院校特殊学生群体的教育管理研究 [D]. 石家庄：河北师范大学，2020.

[25] 黄晶 . 中高职学生思想政治教育管理衔接研究 [D]. 武汉：华中师范大学，2015.

[26] 曹建斌 . 高职院校中外合作办学学生综合素质教育管理研究 [D]. 苏州：苏州大学，2015.

[27] 游敏惠 . 美国高校学生事务管理研究 [D]. 重庆：西南大学，2008.

[28] 林雨.“互联网+”背景下地方高校学生教育管理新模式研究 [D].株洲:湖南工业大学,2021.

[29] 王煜萃.跨文化背景下高校国际学生教育管理问题研究 [D].北京:中国矿业大学,2020.

[30] 马庆敏.高校学生教育管理服务微平台使用现状与应对策略研究 [D].四平:吉林师范大学,2018.